筆記表現法
安眠日記

Discover

監修者より ～はじめに～

●「眠れない」人の特徴とは

「眠れない」と感じている人は、なんらかの不安をかかえていることが多いといえます。また、今日1日の出来事のなかで、「楽しかったこと」とか「よかったこと」よりも、「悪かったこと」や「気になったこと」「後悔したこと」などが心に残ってしまう傾向があります。そういったことがずっと頭のなかをかけめぐってしまい、「なかなか眠れない」という状態になるのです。
昼間は、いろいろなことで忙しくしているので、あまり気にならなかったことでも、夜になって静かになると、いろいろなことが思い起こされてしまいます。そうなると、(専門的には、自律神経のなかの交感神経が優位に立つといいますが) なかなか寝つけなくなってしまうのです。

●なぜ、「書くこと」が寝つきをよくするのか？

そこで、気になっていることがいろいろある場合には、それらを寝る前に日記に書いてみましょう。自分が気になっていること、悩んでいることなどを、いったん書き出してみて、「今日はこれでおしまい」「また明日になってから考えよう」とケリをつけてしまいます。**もう今日の1日は終了したので、寝床まで悩みごとを持ちこまない！と区切りをつける行為が、眠るためにはとても効果的なのです。**

「書く」という行為によって、今日あった出来事に向き合い、自分自身を振り返ることができます。「つらいことがあった」だけではなく、「なぜ自分はつらいと感じてしまうのか」について考えることができますし、なかには「よかった出来事もあったじゃないか」と、思い出すこともできるでしょう。

眠れない人というのは、不安尺度の高い人が多く、いろいろなことに対する感受性が強い人が多いので、くよくよ考えてしまいます。
しかし、その日にあったことを、その日のうちに書き留めてみると、自分のなかで不安の原因を再確認することになるので、漠然とした「くよくよ」の正体がはっきりしてきます。これは、認知行動療法のひとつといえます。

● どのくらい書けばいいのか？

「つらかった出来事を、もう一度思い出して書くなんて、かえって眠れなくなってしまうのではないだろうか？」といった疑問をもたれるかもしれません。しかし、ただ「つらかった」という不安をかかえたままでいるのと、「これとこれがつらかった」といったように不安の正体を自分で認識できているのとでは、心の状態が違います。

「どのくらい書けばいいのか」は、その日にあった出来事によって違うでしょうが、「あまり長く書きすぎない」ということが大切です。長く書き続けていると、書いていることがどんどん気になってしまい、かえって興奮して眠れなくなってしまいます。
ひとつの出来事について、頭に浮かんだことを、ある程度の短さで、たとえば数行、長くても10行ぐらいに収めて書き終えるとよいでしょう。

● なにを書けばいいのか？

ストレスが溜まったと感じたこと——たとえば会社で理不尽なことがあったとか、子どもが聞きわけがなかったとか、夫婦間で気になってしかたがないことがあったとか、なんでも書いてよいと思います。なかなか口では言い表せないことや、他人に相談してもわかってもらえそうにないこと、解決の糸口が見つからないことなど、どういったことでも大丈夫です。相手は「日記」なので、気を使う必要はありません。

また、眠れない人の傾向としては、どちらかというと「人が言うことに耳を貸して聞き役にまわるタイプ」が多いので、**今度は日記に向かって、自分の思いのたけを吐き出してみましょう**。夫や妻に対する怒りとか、会社の上司や同僚への不満、近所の人の困った習慣、お店に行ったら自分だけサービスが悪かった、などなど。自分の感情を書き表すだけでもストレスは発散できるのです。

眠るために大切なのは、「その日のストレスは、その日のうちにある程度吐き出す」ことなのです。

● 「筆記表現法」とはなにか？

ストレス発散には、たとえば大声で叫ぶとか、誰かに怒りをぶつけるとか、あるいは泣くことによって感情を発露するなど、いろいろなやり方があります。しかし、人はいつでも大声をあげたり泣いたりできるわけではありません。そこで、「言葉で書く」のです。言葉で書くのであれば、どんなひどいことを書いてもいいし、人格を疑われるようなことを書いても、誰にもわかりません。

書くことによって、自分のストレスの発散につなげる方法を「筆記表現法」といいます。

ストレスを感じた出来事や感情を紙に書き出す「筆記表現法」を行うことで、そのストレスを客観的に見つめなおすことができて、結果、ストレスが軽減します。そうすることで、自律神経のバランスを整えることができて、睡眠の質の改善が期待できるのです。

「筆記表現法（Expressive Writing）」は、アメリカ・Southern Methodist UniversityのPennebaker & Beall（1986）により開発されました。睡眠障害の改善のほかにも、抑うつ症状の減少、リューマチ性関節炎の症状緩和などが報告されています。さらに、人間関係の向上や、就業者の欠勤率の減少、失業経験者の就職活動の増加など、社会的活動の向上も報告されています。

これは、筆記することによってストレスとなる経験の再確認がなされ、情動（一時的で急激な感情の動き）の調整ができるためだといわれています。いわば、強いストレスにあえて注意を向けることで、情動を馴化（ある刺激がくり返されることによって、その刺激に対する反応が徐々に小さくなっていく現象）することができて、ネガティブな気持ちが低減するのです。

筆記表現法は、イギリスをはじめとするヨーロッパ諸国で、不眠症状に悩む人への治療法として実施されています。

●「睡眠日誌」をつけてみよう

「睡眠日誌」とは、何時に寝て何時に起きた、夜中のこの時刻にトイレに行った、昼間に横になってうつらうつらしたなどを記録するものです。24時間のスケールがあって、それを塗りつぶすようにして記録します。これもひとつの認知行動療法で、継続してつけていくことによって**「自分の眠り」**がどういったものなのかを、**客観的に把握**していきます。

わかりやすい例としては、「休日についつい遅くまで寝てしまって、リズムが乱れてしまい、日本にいながら時差ボケみたいになってしった」といった経験は誰でもおもちでしょう。「いやいや、わたしはちゃんと規則正しい生活をしていますよ」という人でも、睡眠日誌をつけることで、実際は休日前には夜遅くまで起きていたとか、休日のお昼にゴロンと横になる時間があったので就寝時刻が遅かったとか、自分で認知ができるようになります。

たとえば、お年寄りの方で、お昼ご飯を食べたあと、テレビを見ながら横になってうつらうつらしていたので、それが夜眠れない大きな原因になっていた、という場合があります。昼に1～2時間ぐらい寝入ってしまったので、いざ床についたら寝つけないのですが、うつらうつらしていたことは、あまり意識して考えていないので、夜になって「どうしよう、眠れない」と心配になってしまいます。

睡眠日誌をつけると、そういった、これまで気づいていなかった生活習慣を確認することができるのです。なんとなく行っていることだからこそ、記録して再認識することが気づきにつながります。

●「自分の眠り」は自分ではよくわからない

睡眠というのは、自覚的にはなかなかわからないものです。なぜかというと、人間は、「寝た時刻」を自分で把握できないからです。いわゆる意識がなくなった時刻が寝た時刻なのですが、いつ意識がなくなったのかは、自分ではわからないのです。朝起きた時刻は、パッと時計を見ればわかりますが、寝た時刻は「だいたいこのころだろう」と想像することしかできません。

すごく寝つきがよい人は、床について10分か15分後ぐらいが入眠時刻と予想できますが、ふだんから眠れないと意識している人は、自分はトータルで何時間ぐらい寝たのかがわからないのです。

さらに、夜中に何回か目が覚めたとか、何度かトイレに行ったなどの経験があると、ますます「寝た感じがしない」という思いは強くなります。しかし実際は、「睡眠は深くないけれど、ある程度眠れている」という場合は多いのです。

自覚的な睡眠の評価と、客観的な睡眠の評価がずれることを「睡眠状態誤認」といいますが、とくに、不眠を訴える人ほどずれる傾向があります。実際は寝ているのだけれど、本人は寝ていないと訴えることはよくあることです。

たとえば、奥さんは「ぜんぜん眠れない、眠れない」といっているけれど、旦那さんから見ると、いびきをかいて寝ていたとか、あるいは病院に入院中の人で、「私はずっと寝られなかった。看護師さんが部屋に来たのを全部覚えている」というけれど、看護師さんに聞いてみると、部屋に入った音に気がついて、そのときだけ目が覚めたけれど、ほかの時間は寝ていた、といったケースはよくあるのです。

人間というのは、1時間おきぐらいに目が覚めていると、ずっと起きているような感覚になってしまいます。そこで、夜間の**睡眠時間が不足しているか否かは、翌日の午前中に「がまんできない眠気があるかどうか」で判断します**。「午前中のがまんできない眠気」を感じないのであれば、昨夜の睡眠はある程度は確保できているのです。

● 夢を見るのは眠れている証

実際は寝ているけれど眠れていないと訴える人は、よく病院にいらっしゃいます。なかでも「自分は一睡もしていない」という場合には、睡眠日誌をつけてもらうことがあります。はっきりと目が覚めているときと、ひょっとしたらうとうとしていたかもしれない時間とを自覚してもらい、治療につなげていくためです。

ただし、自分は寝ていないと思いこんでいる人というのは、「いや、私は絶対寝ていません」といいはる場合が多いのです。自分は昨日ぐっすり寝た感じがしない、それはなぜかというと「夢を見たから」と説明します。

しかし、夢を見たからといって、ぐっすり寝ていないわけではなく、逆に、**自分が昨日寝たかどうかを唯一知ることができる手がかりは、夢**なのだといえます。夢は寝なければ見ることはできません。つまり、夢を見たということは、眠ったという証となります。

睡眠というのは、90分周期に1回「レム睡眠」という状態が出てきて、このときに夢を見ています。6〜7時間寝れば4回ぐらいは夢を見ていることになります。ただ、それらをすべて覚えていないだけなのです。「夢を何回も見たから自分はぐっすり寝ていないのだ」という人は、それらを覚えているだけです。夢を3回見たと訴える人には、「90分に1回夢を見るので、3回夢を見たということは、あなたは90分×3で少なくとも4時間半以上は眠れています。だから、自信をもってください」と伝えています。

そこで、睡眠日誌のなかに「昨日何回夢を見た」かを記録しておくのも、不安をやわらげることにつながるでしょう。

●日常生活に支障がある場合は医療機関へ

自分の睡眠時間を完全に知ろうというのは、ネッシーの姿を見たいとか、ツチノコの姿を見たいというのといっしょで、よくわからないものを追い求めるようなものです。ムキになって追い求めようとすると、どんどん深入りしてしまうことになり、いわゆる底なし沼に入っていくのと同じような状態になってしまいます。
ただし、「熟眠障害」といって、長く寝床についていたわりにはぐっすり眠れていなくて、昼間にがまんできない眠気が襲ってきて仕事にならず居眠りしてしまう——といったような「日常生活になんらかの支障が起こっている」場合は、睡眠日誌で解決できるものではなく、治療の対象となるケースもあります。

●「筆記表現法」と「睡眠日誌」を両輪で動かそう

「筆記表現法」で、その日にあった嫌な出来事、つらかった出来事を書きつづります。そうやってストレスを見つめ直すことによって、「今日という日はこれで終わり」と、踏ん切りをつけて寝てしまいます。
翌日になったら、前日の眠りの状態を「睡眠日誌」に記録します。
いますぐに、眠りの質が改善できたとか、よく眠れるようになった、ということはないかもしれませんが、**数週間、数カ月間続けることによって、「睡眠日誌」のほうに、「筆記表現法」の効果が見えてくることが期待できます。**

ただひたすら、嫌だった出来事を書き出すだけではなく、その効果が目に見えてわかることで、日記を継続する力にもなってきます。筆記表現法は、習慣化することによって、よりいっそう毎日の眠りの質をあげる

ことができるでしょう。

筆記表現法を行うことで睡眠日誌に効果が現れ、睡眠日誌に結果が現れることで、筆記表現法を続けるモチベーションにつながるのです。筆記表現法と睡眠日誌を、いわば両輪のようにして動かすことで、よりよい睡眠を得やすくなるでしょう。

この日記の使い方

●「筆記表現法」の基本編

⑴夜、寝る前に、その日にあった「ストレスを感じた出来事」「そのときの自分の感情」などについて書きましょう。

⑵ストレスを感じた出来事を思い出すだけではなく、心のなかで整理をしながら、あせらずにじっくりと行います。

⑶あまり長く書いていると、かえってイライラがぶり返したり、興奮が収まらなくなります。目安として、15分程度の時間をかけて書きましょう。

⑷書き終わったあとで、気持ちが収まらなければ、書いた内容を塗りつぶしても、ページを破って丸めて捨ててしまってもけっこうです。安全に注意して、破ったページを燃やしてしまってもけっこうです。

⑸ストレスを感じた出来事や自分の感情を、紙に書き出すことで、客観的に見つめ直すことができ、自律神経のバランスを整えてストレスを軽減できます。

⑹日記を閉じたら、「今日という日はもう終わった」と気持ちを切り替

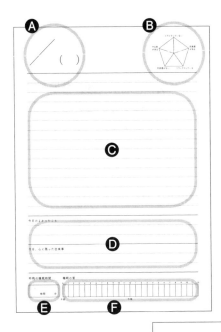

Ⓐ 日付（曜日）を記入します

Ⓑ レーダーチャートを記入します

Ⓒ 夜、寝る前に、その日にあった「ストレスを感じた出来事」「そのときの自分の感情」などを記入します
15分を超えないくらいの時間で行いましょう

Ⓓ「今日のよかったこと」「今日、心に残った出来事」を記入します

Ⓔ 睡眠時間を記入します

Ⓕ「睡眠日誌」を記入します

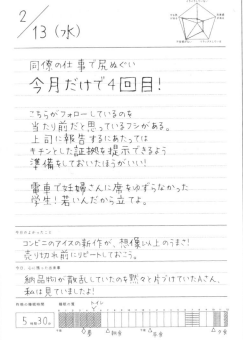

［記入例］

えて、就寝しましょう。

筆記表現法では、「その日の区切りをつけて、今日はこれで終わりにしよう」と終止符を打つ気持ちが大切です。
次の日は、目覚めたらまた新しい1日が始まります。人間、どんなに長生きしても100年以上はなかなか生きられませんから、1年365日×100で3万6500日しか新しい1日はありません。嫌な気分を何日も引きずってしまうのは、じつにもったいない生き方ではないでしょうか。

● 「筆記表現法」の応用編

(1)今日の気持ちをレーダーチャートに表してみましょう。言葉ではうまく書き表せない気持ちを、数値で「見える化」します。

(2)項目は、下記の5項目です。

● イライラしていない
● 充実感がある
● リラックスしている
● 不安感がない
● やる気がある

レーダーチャートの外側が「5」(強い／高い)、中心が「0」(弱い／低い)です。

(3)各項目の記入のやり方は

● イライラしていない……イライラ感が弱ければ「5」、強ければ「0」に近くなります。
● 充実感がある……充実感が高ければ「5」、低ければ「0」に近くなり

ます。
- **リラックスしている**……リラックスしていれば「5」、していなければ「0」に近くなります。
- **不安感がない**……不安感が弱ければ「5」、強ければ「0」に近くなります。
- **やる気がある**……やる気があれば「5」、なければ「0」に近くなります。

たとえば、「イライラ感がけっこうある、充実感があまりない、リラックスは普通、不安感はぜんぜんない、やる気はけっこうある」場合には、下図のようになります。

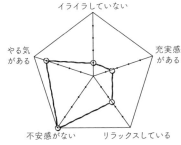

［記入例］

五角形が大きいほど、「気持ちが安定している」という目安にしてください（あくまでも目安です）。

また、「『やる気がある』という項目は自分にはあまり必要ないな」と思ったら、ここを「疲労感がない」などに変えてしまってもけっこうです。その際は、ポジティブな状態（＝疲労感がない）を「5」に、ネガティブな状態（＝疲労感がある）を「0」に設定しておきましょう。

(4)「今日のよかったこと」「今日、心に残った出来事」を書きましょう。

つらかったこと、嫌なことだけを書いていると、気が滅入ってしまいま

す。そこで、締めくくりに、「今日のよかったこと」「今日、心に残った出来事」を記入しましょう。悔やんだり、反省したり、腹立たしかったりした1日かもしれませんが、なにか少しくらいはホッとできることがあったはずです。

かわいい犬を見かけたとか、好きなお饅頭を食べたとか、コーヒーがおいしかったとか、ささやかなことでもけっこうです。**筆記表現法で、ネガティブな感情を吐き出してしまったあとは、少しだけ「よかったこと」を思い浮かべてみてください。**

この日記に、「なにかよかったことを書く」習慣がついてくると、今度は、「なにか書くことはないかな？」と、毎日、ポジティブなことを探してみようという気持ちになってきます。

いろいろあったけれど1日が終わった、ささやかだけれど「よかったこと」もあったと記入し、確認することは、また明日も「きっとよいことがある」という希望につながります。それはすなわち、安眠にもつながっていくことになるでしょう。

●「筆記表現法」に過度な期待はしないこと

どのような手法にもいえることですが、「絶対に効く」という不眠対策はありません。ましてや、医療機関にかかるのではなく、日記という、いわば昔からある誰にでもできる方法ですから、過度な期待は禁物です。過度な期待をしてしまうと、効果が少なかったときの幻滅感はよりいっそう強まってしまいます。

たとえば、神社やお寺におまいりをするような気持ちで考えてみてはいかがでしょうか。医療と神仏は、真反対のようですが、じつは似通っているところもあります。

神頼みやおまじないというのは、それを行うことによって、自分自身に言い聞かせたり、安心感を生むという効果があります。

筆記表現法も同じように、自分自身を落ち着かせるという行動だといえます。「神様にお願いしたからきっと大丈夫」と思うのと、「日記を書いたからきっと眠れる」と感じるのは、心のはたらきとしては同じようなものです。神頼みをしたから、「絶対に」良縁に恵まれるわけではないのと同様に、日記を書いたから「絶対に」眠れるものではないことを、理解しておきましょう。

「絶対に」という気持ちのあせりは、かえって自分の願いを遠ざけてしまいかねません。「きっと大丈夫」「きっと眠れる」という、ゆとりを大切にしましょう。

● 「睡眠日誌」のつけかた

(1) 昨晩の「入眠時刻」と、当日の「起床時刻」を確認しましょう。

(2) 6ページで解説したとおり、「自分が眠りについた時刻」は、自分ではなかなか把握できないものです。入眠時刻は、あまり神経質にならずに、だいたいの感覚でけっこうです。

(3) 「ぐっすり眠った」時間、「うとうとしていた」時間、「ぼんやりしていた」時間などを、色分けや斜線パターンなどで区分しましょう。

(4) 「トイレに起きた」など、目が覚めた時刻もできれば記入します。覚えていれば「夢を見ていた」時刻や回数もチェックします。食事を摂った時刻なども記録するとなおよいでしょう。

(5) 厳密に時間を区分することに神経をとがらせる必要はありません。まずは、自分が認識した「睡眠の質」を記入することをこころがけます。

(6) 昨晩の睡眠時間を記入します。

(7)筆記表現法によって、「睡眠の質」が改善されてくると「ぐっすり眠った」の区分が大きくなってくることが期待できます。逆に、まったく効果がない場合や、よく眠れなくなったと感じた場合は、専門の医療機関を受診することをおすすめします。

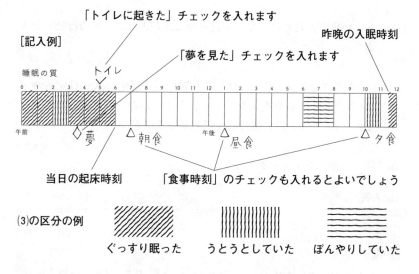

● 「振り返りページ」のつけかた

この日記は日付フリー式（自分で日付を記入する方式）です。毎日必ず記入しなくてもよく、ときには間が空いてしまってもかまいません。ただし、1カ月に1回程度のタイミングで、その月の「振り返り」を記入してみるとよいでしょう（振り返りのページは巻末にあります）。

(1)何月何日から何月何日までの記録か、記入します。

(2)その期間にあった、「腹が立ったこと、イライラしたこと」「悲しかったこと」「不安に感じたこと」「後悔したこと」を記入します。

すべての項目を埋める必要はありません。この1カ月くらいの間で、もっとも心に残ったことを書き出してみましょう。

(3)同様に、その期間にあった「よかったこと、感謝したこと、新しく始めたこと」を記入します。

(4)よりよい眠りのために、なにか行ったことがあれば、その行動も記入します。

「ウォーキングを始めた」「いつもより30分早く寝床に入る日が多かった」「寝る直前の飲食を控えた」など、ささやかなことでけっこうです。また、1カ月間、毎日実行した行動でなくてもOKです。

(5)「眠りの質」をチェックします。

[記入例]

この1カ月は、「よく眠れたほうだ」「まあまあ眠れた」「あまりよく眠れなかった」「眠れなくて日常生活に支障があった」のどれに当てはまるのか、自分で確認してみましょう。そして、その原因はなんだったのか、振り返ってみましょう。

眠れなかったのなら、「腹が立ったこと」を引きずっていたのかもしれません。反対に、眠れる日が多かったのなら、「よかったこと」や「よりよい眠りのために、なにか行いましたか？」の行動が、よい効果をあげたのかもしれません。

「悪かった点」と「よかった点」を、自分自身で認識することが大切なのです。振り返りを継続することで、次の1カ月の「眠りの質」を向上させていきましょう。

●よりよい眠りを実感するために

日記を書くには、手を使います。手を使って書いたものは、目で認識します。頭のなかでいろいろと思い返すだけでは、もやもやとしたネガティブな状態で終わってしまうことも、手で書き、目で見ることで「再認識」ができるのが日記の効果です。

いろいろなストレスがあったとしても、もう今日の1日を変えることはできません。**明日から、また新しい1日が始まるのですから、「今日はこれでおしまい。明日を迎えるためにもう寝ましょう」**と幕を下ろすのが、この日記です。

幕はいったん下ろさないと、次の日の幕は開きません。明日はまた新たな幕が上がるのです。

よりよい眠りを、よりよい明日を、よりよい人生をおくるために、この日記を習慣化していただければ幸いです。

内村直尚

/ (　)

|イライラしていない|
|やる気がある　充実感がある|
|不安感がない　リラックスしている|

今日のよかったこと

今日、心に残った出来事

昨晩の睡眠時間　　　睡眠の質

時間　　分

0　1　2　3　4　5　6　7　8　9　10　11　12　1　2　3　4　5　6　7　8　9　10　11　12
午前　　　　　　　　　　　　　　　　午後

/　（　）

```
        イライラしていない
やる気　　　　　　充実感
がある　　　　　　がある

   不安感がない　リラックスしている
```

今日のよかったこと

今日、心に残った出来事

昨晩の睡眠時間　　睡眠の質
　　時間　　分

0 1 2 3 4 5 6 7 8 9 10 11 12 1 2 3 4 5 6 7 8 9 10 11 12
　　午前　　　　　　　　　　　午後

/　（　）

イライラしていない
やる気がある　充実感がある
不安感がない　リラックスしている

今日のよかったこと

今日、心に残った出来事

昨晩の睡眠時間　　睡眠の質
　時間　　分
0 1 2 3 4 5 6 7 8 9 10 11 12 1 2 3 4 5 6 7 8 9 10 11 12
午前　　　　　　　　　　午後

/ （　）

イライラしていない
やる気がある　充実感がある
不安感がない　リラックスしている

今日のよかったこと

今日、心に残った出来事

昨晩の睡眠時間　睡眠の質
時間　分
0 1 2 3 4 5 6 7 8 9 10 11 12 1 2 3 4 5 6 7 8 9 10 11 12
午前　午後

/ ( )

イライラしていない
やる気がある　　充実感がある
不安感がない　リラックスしている

今日のよかったこと

今日、心に残った出来事

昨晩の睡眠時間　　睡眠の質

時間　　分

0 1 2 3 4 5 6 7 8 9 10 11 12 1 2 3 4 5 6 7 8 9 10 11 12
午前　　　　　　　　　　　　午後

/   (   )

|やる気がある / イライラしていない / 充実感がある / 不安感がない / リラックスしている|

今日のよかったこと

今日、心に残った出来事

昨晩の睡眠時間　　睡眠の質

時間　　分

0 1 2 3 4 5 6 7 8 9 10 11 12 1 2 3 4 5 6 7 8 9 10 11 12
午前　　　　　　　　　　　　　　　午後

／ （　）

やる気がある	イライラしていない	充実感がある
不安感がない		リラックスしている

今日のよかったこと

今日、心に残った出来事

昨晩の睡眠時間　　睡眠の質

時間　　分

0 1 2 3 4 5 6 7 8 9 10 11 12 1 2 3 4 5 6 7 8 9 10 11 12
午前　　　　　　　　　　　午後

/　　（　）

イライラしていない
やる気がある　充実感がある
不安感がない　リラックスしている

今日のよかったこと

今日、心に残った出来事

昨晩の睡眠時間　　睡眠の質
　時間　　分
0 1 2 3 4 5 6 7 8 9 10 11 12　1 2 3 4 5 6 7 8 9 10 11 12
午前　　　　　　　　　　　　午後

/ ( )

イライラしていない
やる気がある　　充実感がある
不安感がない　リラックスしている

今日のよかったこと

今日、心に残った出来事

昨晩の睡眠時間　　睡眠の質

時間　　分

0 1 2 3 4 5 6 7 8 9 10 11 12 1 2 3 4 5 6 7 8 9 10 11 12
午前　　　　　　　　　　午後

/　（　）

イライラしていない
やる気がある　充実感がある
不安感がない　リラックスしている

今日のよかったこと

今日、心に残った出来事

昨晩の睡眠時間　　睡眠の質
|時間　分|　0　1　2　3　4　5　6　7　8　9　10　11　12　1　2　3　4　5　6　7　8　9　10　11　12
午前　　　　　　　　　　　　午後

/   (   )

イライラしていない
やる気がある　充実感がある
不安感がない　リラックスしている

今日のよかったこと

今日、心に残った出来事

昨晩の睡眠時間　睡眠の質
時間　分
0 1 2 3 4 5 6 7 8 9 10 11 12 1 2 3 4 5 6 7 8 9 10 11 12
午前　　　　　　　　　　午後

/ （ ）

イライラしていない
やる気がある　充実感がある
不安感がない　リラックスしている

今日のよかったこと

今日、心に残った出来事

昨晩の睡眠時間　　睡眠の質
時間　分
0 1 2 3 4 5 6 7 8 9 10 11 12 1 2 3 4 5 6 7 8 9 10 11 12
午前　　　　　　　　　　　　午後

/   (　)

イライラしていない
やる気がある　充実感がある
不安感がない　リラックスしている

今日のよかったこと

今日、心に残った出来事

昨晩の睡眠時間　　睡眠の質
　時間　　分　　0 1 2 3 4 5 6 7 8 9 10 11 12 1 2 3 4 5 6 7 8 9 10 11 12
　　　　　　　　　午前　　　　　　　　　　　午後

/　（　）

イライラしていない
やる気がある　　充実感がある
不安感がない　リラックスしている

今日のよかったこと

今日、心に残った出来事

昨晩の睡眠時間　　睡眠の質

時間　　分

0　1　2　3　4　5　6　7　8　9　10　11　12　1　2　3　4　5　6　7　8　9　10　11　12
午前　　　　　　　　　　　　　　　午後

/ ( )

イライラしていない
やる気がある　充実感がある
不安感がない　リラックスしている

今日のよかったこと

今日、心に残った出来事

昨晩の睡眠時間　　睡眠の質
　時間　　分
0 1 2 3 4 5 6 7 8 9 10 11 12 1 2 3 4 5 6 7 8 9 10 11 12
午前　　　　　　　　　　午後

/　（　）

イライラしていない
やる気がある　　充実感がある
不安感がない　リラックスしている

今日のよかったこと

今日、心に残った出来事

昨晩の睡眠時間　　睡眠の質

時間　　分

0　1　2　3　4　5　6　7　8　9　10　11　12　1　2　3　4　5　6　7　8　9　10　11　12
午前　　　　　　　　　　　　　　　午後

/　　（　）

イライラしていない
やる気がある　　充実感がある
不安感がない　　リラックスしている

今日のよかったこと

今日、心に残った出来事

昨晩の睡眠時間　　睡眠の質

時間　　分

0　1　2　3　4　5　6　7　8　9　10　11　12　1　2　3　4　5　6　7　8　9　10　11　12
午前　　　　　　　　　　　　　午後

/   ( )

イライラしていない
やる気がある　　充実感がある
不安感がない　リラックスしている

今日のよかったこと

今日、心に残った出来事

昨晩の睡眠時間　睡眠の質
　　時間　　分
0 1 2 3 4 5 6 7 8 9 10 11 12 1 2 3 4 5 6 7 8 9 10 11 12
午前　　　　　　　　　　　　午後

/　　（　）

イライラしていない
やる気がある　　充実感がある
不安感がない　　リラックスしている

今日のよかったこと

今日、心に残った出来事

昨晩の睡眠時間　　睡眠の質
時間　　分
0 1 2 3 4 5 6 7 8 9 10 11 12 1 2 3 4 5 6 7 8 9 10 11 12
午前　　　　　　　　　　　　午後

/　　（　）

イライラしていない
やる気がある　充実感がある
不安感がない　リラックスしている

今日のよかったこと

今日、心に残った出来事

昨晩の睡眠時間　睡眠の質
時間　分

0 1 2 3 4 5 6 7 8 9 10 11 12 1 2 3 4 5 6 7 8 9 10 11 12
午前　　　　　　　　　　　　午後

/　（　）

|イライラしていない|
|やる気がある　充実感がある|
|不安感がない　リラックスしている|

今日のよかったこと

今日、心に残った出来事

昨晩の睡眠時間　　睡眠の質
時間　分

0 1 2 3 4 5 6 7 8 9 10 11 12 1 2 3 4 5 6 7 8 9 10 11 12
午前　　　　　　　　　　午後

/ ( )

イライラしていない
やる気がある　充実感がある
不安感がない　リラックスしている

今日のよかったこと

今日、心に残った出来事

昨晩の睡眠時間　睡眠の質

時間　分

0 1 2 3 4 5 6 7 8 9 10 11 12 1 2 3 4 5 6 7 8 9 10 11 12
午前　　　　　　　　　　　　　　午後

/ (　)

	イライラしていない	
やる気 がある		充実感 がある
不安感がない		リラックスしている

今日のよかったこと

今日、心に残った出来事

昨晩の睡眠時間　　睡眠の質

時間　　分

0　1　2　3　4　5　6　7　8　9　10　11　12　1　2　3　4　5　6　7　8　9　10　11　12

午前　　　　　　　　　　　　　午後

／　　（　）

イライラしていない
やる気がある　　充実感がある
不安感がない　　リラックスしている

今日のよかったこと

今日、心に残った出来事

昨晩の睡眠時間　　睡眠の質

時間　　分

0 1 2 3 4 5 6 7 8 9 10 11 12 1 2 3 4 5 6 7 8 9 10 11 12
午前　　　　　　　　　　　午後

/　　（　）

イライラしていない
やる気がある　　充実感がある
不安感がない　　リラックスしている

今日のよかったこと

今日、心に残った出来事

昨晩の睡眠時間　　睡眠の質
0 1 2 3 4 5 6 7 8 9 10 11 12 1 2 3 4 5 6 7 8 9 10 11 12
時間　　分
午前　　　　　　　　　　午後

/　（　）

今日のよかったこと

今日、心に残った出来事

昨晩の睡眠時間　　睡眠の質

時間　　分

0 1 2 3 4 5 6 7 8 9 10 11 12 1 2 3 4 5 6 7 8 9 10 11 12
午前　　　　　　　　　　　午後

イライラしていない
やる気がある　　充実感がある
不安感がない　　リラックスしている

/ ( )

イライラしていない
やる気がある　充実感がある
不安感がない　リラックスしている

今日のよかったこと

今日、心に残った出来事

昨晩の睡眠時間　　睡眠の質

時間　　分

0 1 2 3 4 5 6 7 8 9 10 11 12 1 2 3 4 5 6 7 8 9 10 11 12
午前　　　　　　　　　　　　　午後

/   (　)

イライラしていない
やる気がある　充実感がある
不安感がない　リラックスしている

今日のよかったこと

今日、心に残った出来事

昨晩の睡眠時間　睡眠の質
0 1 2 3 4 5 6 7 8 9 10 11 12 1 2 3 4 5 6 7 8 9 10 11 12
時間　分
午前　午後

/   (   )

イライラしていない
やる気がある　充実感がある
不安感がない　リラックスしている

今日のよかったこと

今日、心に残った出来事

昨晩の睡眠時間　睡眠の質

時間　分

0 1 2 3 4 5 6 7 8 9 10 11 12 1 2 3 4 5 6 7 8 9 10 11 12
午前　　　　　　　　　　　　　午後

/   (　)

イライラしていない
やる気がある　充実感がある
不安感がない　リラックスしている

今日のよかったこと

今日、心に残った出来事

昨晩の睡眠時間　　睡眠の質

時間　　分

0 1 2 3 4 5 6 7 8 9 10 11 12 1 2 3 4 5 6 7 8 9 10 11 12

午前　　　　　　　　　　午後

/   （　）

イライラしていない
やる気がある　　　充実感がある
不安感がない　リラックスしている

今日のよかったこと

今日、心に残った出来事

昨晩の睡眠時間　　睡眠の質
　時間　　分
0 1 2 3 4 5 6 7 8 9 10 11 12 1 2 3 4 5 6 7 8 9 10 11 12
　　午前　　　　　　　　　　午後

/　（　）

イライラしていない
やる気がある　充実感がある
不安感がない　リラックスしている

今日のよかったこと

今日、心に残った出来事

昨晩の睡眠時間　睡眠の質

時間　分

0 1 2 3 4 5 6 7 8 9 10 11 12 1 2 3 4 5 6 7 8 9 10 11 12

午前　午後

/　（　）

イライラしていない
やる気がある　　充実感がある
不安感がない　リラックスしている

今日のよかったこと

今日、心に残った出来事

昨晩の睡眠時間　　睡眠の質

　時間　　分

0 1 2 3 4 5 6 7 8 9 10 11 12 1 2 3 4 5 6 7 8 9 10 11 12
午前　　　　　　　　　　　　午後

/   (   )

イライラしていない
やる気がある
充実感がある
不安感がない
リラックスしている

今日のよかったこと

今日、心に残った出来事

昨晩の睡眠時間　　睡眠の質

時間　　分

0 1 2 3 4 5 6 7 8 9 10 11 12 1 2 3 4 5 6 7 8 9 10 11 12
午前　　　　　　　　　　　　　　午後

/　（　）

イライラしていない
やる気がある　充実感がある
不安感がない　リラックスしている

今日のよかったこと

今日、心に残った出来事

昨晩の睡眠時間　睡眠の質

時間　分

0 1 2 3 4 5 6 7 8 9 10 11 12 1 2 3 4 5 6 7 8 9 10 11 12
午前　　　　　　　　　　　午後

/   (　)

イライラしていない
やる気がある　　充実感がある
不安感がない　リラックスしている

今日のよかったこと

今日、心に残った出来事

昨晩の睡眠時間　　睡眠の質

| 0 | 1 | 2 | 3 | 4 | 5 | 6 | 7 | 8 | 9 | 10 | 11 | 12 | 1 | 2 | 3 | 4 | 5 | 6 | 7 | 8 | 9 | 10 | 11 | 12 |

時間　　分

午前　　　　　　　　　　　　午後

/　（　）

イライラしていない
やる気がある　充実感がある
不安感がない　リラックスしている

今日のよかったこと

今日、心に残った出来事

昨晩の睡眠時間　睡眠の質
時間　分
0 1 2 3 4 5 6 7 8 9 10 11 12 1 2 3 4 5 6 7 8 9 10 11 12
午前　午後

/ ( )

イライラしていない
やる気がある　充実感がある
不安感がない　リラックスしている

今日のよかったこと

今日、心に残った出来事

昨晩の睡眠時間　　睡眠の質

時間　分

0 1 2 3 4 5 6 7 8 9 10 11 12 1 2 3 4 5 6 7 8 9 10 11 12
午前　　　　　　　　　　　午後

/　（　）

イライラしていない
やる気がある　充実感がある
不安感がない　リラックスしている

今日のよかったこと

今日、心に残った出来事

昨晩の睡眠時間　睡眠の質

時間　分

0 1 2 3 4 5 6 7 8 9 10 11 12 1 2 3 4 5 6 7 8 9 10 11 12
午前　　　　　　　　　　　　　午後

/ （　）

今日のよかったこと

今日、心に残った出来事

昨晩の睡眠時間　睡眠の質

時間　　分

0　1　2　3　4　5　6　7　8　9　10　11　12　1　2　3　4　5　6　7　8　9　10　11　12

午前　　　　　　　　　　　　　　午後

/　(　)

イライラしていない
やる気がある　充実感がある
不安感がない　リラックスしている

今日のよかったこと

今日、心に残った出来事

昨晩の睡眠時間　睡眠の質

時間　分

0 1 2 3 4 5 6 7 8 9 10 11 12 1 2 3 4 5 6 7 8 9 10 11 12
午前　　　　　　　　　　　　　　午後

/   (   )

イライラしていない
やる気がある　　充実感がある
不安感がない　リラックスしている

今日のよかったこと

今日、心に残った出来事

昨晩の睡眠時間　　睡眠の質
時間　　分
0 1 2 3 4 5 6 7 8 9 10 11 12 1 2 3 4 5 6 7 8 9 10 11 12
午前　　　　　　　　　　　　午後

/　（　）

イライラしていない
やる気がある　充実感がある
不安感がない　リラックスしている

今日のよかったこと

今日、心に残った出来事

昨晩の睡眠時間　　睡眠の質
　　時間　　分
　　　　　　　　0 1 2 3 4 5 6 7 8 9 10 11 12 1 2 3 4 5 6 7 8 9 10 11 12
　　　　　　　　　　　午前　　　　　　　　　　　　午後

/　（　）

イライラしていない
やる気がある　　充実感がある
不安感がない　リラックスしている

今日のよかったこと

今日、心に残った出来事

昨晩の睡眠時間　睡眠の質
時間　分
0 1 2 3 4 5 6 7 8 9 10 11 12 1 2 3 4 5 6 7 8 9 10 11 12
午前　　　　　　　　　　午後

/   (　)

イライラしていない
やる気がある　充実感がある
不安感がない　リラックスしている

今日のよかったこと

今日、心に残った出来事

昨晩の睡眠時間　睡眠の質
　時間　　分
0 1 2 3 4 5 6 7 8 9 10 11 12 1 2 3 4 5 6 7 8 9 10 11 12
午前　　　　　　　　　　　　午後

/　（　）

今日のよかったこと

今日、心に残った出来事

昨晩の睡眠時間	睡眠の質
時間　分	0 1 2 3 4 5 6 7 8 9 10 11 12 1 2 3 4 5 6 7 8 9 10 11 12 午前　　　　　　　　　　　　　午後

/　（　）

イライラしていない
やる気がある　　充実感がある
不安感がない　リラックスしている

今日のよかったこと

今日、心に残った出来事

昨晩の睡眠時間　　睡眠の質
時間　分

0 1 2 3 4 5 6 7 8 9 10 11 12 1 2 3 4 5 6 7 8 9 10 11 12
午前　　　　　　　　　　　　午後

/　（　）

イライラしていない
やる気がある　　充実感がある
不安感がない　リラックスしている

今日のよかったこと

今日、心に残った出来事

昨晩の睡眠時間　　睡眠の質

時間　　分

0 1 2 3 4 5 6 7 8 9 10 11 12 1 2 3 4 5 6 7 8 9 10 11 12
午前　　　　　　　　　　　午後

/　（　）

イライラしていない
やる気がある　充実感がある
不安感がない　リラックスしている

今日のよかったこと

今日、心に残った出来事

昨晩の睡眠時間　　睡眠の質

時間　　分

0　1　2　3　4　5　6　7　8　9　10　11　12　1　2　3　4　5　6　7　8　9　10　11　12
午前　　　　　　　　　　　　　　　　午後

/ ( )

イライラしていない
やる気がある　充実感がある
不安感がない　リラックスしている

今日のよかったこと

今日、心に残った出来事

昨晩の睡眠時間　　睡眠の質
時間　分
0 1 2 3 4 5 6 7 8 9 10 11 12 1 2 3 4 5 6 7 8 9 10 11 12
午前　　　　　　　　　　　　午後

/　（　）

イライラしていない
やる気がある　　充実感がある
不安感がない　リラックスしている

今日のよかったこと

今日、心に残った出来事

昨晩の睡眠時間　　睡眠の質

時間　　分

午前　　　　　　　　午後

/ （　）

イライラしていない
やる気がある　　充実感がある
不安感がない　　リラックスしている

今日のよかったこと

今日、心に残った出来事

昨晩の睡眠時間　　睡眠の質

時間　　分

0 1 2 3 4 5 6 7 8 9 10 11 12 1 2 3 4 5 6 7 8 9 10 11 12

午前　　　　　　　　　　午後

/　（　）

今日のよかったこと

今日、心に残った出来事

昨晩の睡眠時間　　**睡眠の質**

時間　　分

0 1 2 3 4 5 6 7 8 9 10 11 12 1 2 3 4 5 6 7 8 9 10 11 12
午前　　　　　　　　　　　　　　午後

(レーダーチャート: イライラしていない / 充実感がある / リラックスしている / 不安感がない / やる気がある)

/   (　)

イライラしていない
やる気がある　　充実感がある
不安感がない　　リラックスしている

今日のよかったこと

今日、心に残った出来事

昨晩の睡眠時間　　睡眠の質

時間　　分

0 1 2 3 4 5 6 7 8 9 10 11 12 1 2 3 4 5 6 7 8 9 10 11 12
午前　　　　　　　　　　　　午後

/　（　）

イライラしていない
やる気がある　充実感がある
不安感がない　リラックスしている

今日のよかったこと

今日、心に残った出来事

昨晩の睡眠時間　睡眠の質
0 1 2 3 4 5 6 7 8 9 10 11 12 1 2 3 4 5 6 7 8 9 10 11 12

時間　　分
午前　　　　　　　　　　午後

/   (   )

イライラしていない
やる気がある　　充実感がある
不安感がない　リラックスしている

今日のよかったこと

今日、心に残った出来事

昨晩の睡眠時間　睡眠の質
時間　分
0 1 2 3 4 5 6 7 8 9 10 11 12 1 2 3 4 5 6 7 8 9 10 11 12
午前　　　　　　　　　　　午後

/   (   )

イライラしていない
やる気がある　充実感がある
不安感がない　リラックスしている

今日のよかったこと

今日、心に残った出来事

昨晩の睡眠時間　　睡眠の質
　　時間　　分
0 1 2 3 4 5 6 7 8 9 10 11 12 1 2 3 4 5 6 7 8 9 10 11 12
午前　　　　　　　　　　　　午後

/   (   )

イライラしていない
やる気がある　　充実感がある
不安感がない　リラックスしている

今日のよかったこと

今日、心に残った出来事

昨晩の睡眠時間　　睡眠の質

時間　　分

0 1 2 3 4 5 6 7 8 9 10 11 12 1 2 3 4 5 6 7 8 9 10 11 12
午前　　　　　　　　　　午後

/ ( )

イライラしていない
やる気がある　充実感がある
不安感がない　リラックスしている

今日のよかったこと

今日、心に残った出来事

昨晩の睡眠時間　睡眠の質
時間　分
0 1 2 3 4 5 6 7 8 9 10 11 12 1 2 3 4 5 6 7 8 9 10 11 12
午前　午後

/　（　）

イライラしていない
やる気がある　充実感がある
不安感がない　リラックスしている

今日のよかったこと

今日、心に残った出来事

昨晩の睡眠時間　　睡眠の質
　時間　分
0 1 2 3 4 5 6 7 8 9 10 11 12 1 2 3 4 5 6 7 8 9 10 11 12
午前　　　　　　　　　　　午後

/ (　)

イライラしていない
やる気がある　　充実感がある
不安感がない　リラックスしている

今日のよかったこと

今日、心に残った出来事

昨晩の睡眠時間　　睡眠の質
　　時間　　分

0 1 2 3 4 5 6 7 8 9 10 11 12 1 2 3 4 5 6 7 8 9 10 11 12
午前　　　　　　　　　　　　　午後

／　（　）

イライラしていない
やる気がある　　充実感がある
不安感がない　　リラックスしている

今日のよかったこと

今日、心に残った出来事

昨晩の睡眠時間　　睡眠の質

時間　　分

0 1 2 3 4 5 6 7 8 9 10 11 12 1 2 3 4 5 6 7 8 9 10 11 12
午前　　　　　　　　　　　　　午後

/   ( )

イライラしていない
やる気がある　充実感がある
不安感がない　リラックスしている

今日のよかったこと

今日、心に残った出来事

昨晩の睡眠時間　　睡眠の質
　時間　分
0 1 2 3 4 5 6 7 8 9 10 11 12 1 2 3 4 5 6 7 8 9 10 11 12
午前　　　　　　　　　　　午後

/   (   )

今日のよかったこと

今日、心に残った出来事

昨晩の睡眠時間　睡眠の質

時間　分

0 1 2 3 4 5 6 7 8 9 10 11 12 1 2 3 4 5 6 7 8 9 10 11 12

午前　　　　　　　　　　　　　午後

イライラしていない
やる気がある
充実感がある
不安感がない
リラックスしている

/ (　)

イライラしていない
やる気がある　充実感がある
不安感がない　リラックスしている

今日のよかったこと

今日、心に残った出来事

昨晩の睡眠時間　睡眠の質
時間　分

0 1 2 3 4 5 6 7 8 9 10 11 12 1 2 3 4 5 6 7 8 9 10 11 12
午前　　　　　　　　　　　　午後

/   (   )

今日のよかったこと

今日、心に残った出来事

昨晩の睡眠時間	睡眠の質
時間　　分	0 1 2 3 4 5 6 7 8 9 10 11 12 1 2 3 4 5 6 7 8 9 10 11 12 午前　　　　　　　　　　　　　　　午後

/　（　）

- イライラしていない
- 充実感がある
- リラックスしている
- 不安感がない
- やる気がある

今日のよかったこと

今日、心に残った出来事

昨晩の睡眠時間　　睡眠の質
時間　　分

0 1 2 3 4 5 6 7 8 9 10 11 12 1 2 3 4 5 6 7 8 9 10 11 12
午前　　　　　　　　　　　　　午後

/ ( )

イライラしていない
やる気がある　　充実感がある
不安感がない　　リラックスしている

今日のよかったこと

今日、心に残った出来事

昨晩の睡眠時間　　睡眠の質

時間　　分

0 1 2 3 4 5 6 7 8 9 10 11 12 1 2 3 4 5 6 7 8 9 10 11 12
午前　　　　　　　　　　　　午後

/　（　）

イライラしていない
やる気がある　充実感がある
不安感がない　リラックスしている

今日のよかったこと

今日、心に残った出来事

昨晩の睡眠時間　睡眠の質

時間　分

0 1 2 3 4 5 6 7 8 9 10 11 12 1 2 3 4 5 6 7 8 9 10 11 12
午前　　　　　　　　　　午後

/ (   )

イライラしていない
やる気がある　充実感がある
不安感がない　リラックスしている

今日のよかったこと

今日、心に残った出来事

昨晩の睡眠時間　　睡眠の質
時間　分
0 1 2 3 4 5 6 7 8 9 10 11 12 1 2 3 4 5 6 7 8 9 10 11 12
午前　　　　　　　　　　　午後

/　（　）

イライラしていない
やる気がある　充実感がある
不安感がない　リラックスしている

今日のよかったこと

今日、心に残った出来事

昨晩の睡眠時間　　睡眠の質

時間　　分

0 1 2 3 4 5 6 7 8 9 10 11 12 1 2 3 4 5 6 7 8 9 10 11 12
午前　　　　　　　　　　　　　午後

/ ( )

イライラしていない
やる気がある　充実感がある
不安感がない　リラックスしている

今日のよかったこと

今日、心に残った出来事

昨晩の睡眠時間　　睡眠の質

時間　分

0 1 2 3 4 5 6 7 8 9 10 11 12 1 2 3 4 5 6 7 8 9 10 11 12
午前　　　　　　　　　　　午後

/　（　）

イライラしていない
やる気がある　充実感がある
不安感がない　リラックスしている

今日のよかったこと

今日、心に残った出来事

昨晩の睡眠時間　睡眠の質
時間　分
0 1 2 3 4 5 6 7 8 9 10 11 12 1 2 3 4 5 6 7 8 9 10 11 12
午前　午後

/　（　）

イライラしていない
やる気がある　　充実感がある
不安感がない　リラックスしている

今日のよかったこと

今日、心に残った出来事

昨晩の睡眠時間	睡眠の質
時間　分	0 1 2 3 4 5 6 7 8 9 10 11 12 1 2 3 4 5 6 7 8 9 10 11 12 午前　　　　　　　　　　　　午後

/　（　）

イライラしていない
やる気がある　　　充実感がある
不安感がない　リラックスしている

今日のよかったこと

今日、心に残った出来事

昨晩の睡眠時間　睡眠の質

時間　分

0 1 2 3 4 5 6 7 8 9 10 11 12 1 2 3 4 5 6 7 8 9 10 11 12
午前　　　　　　　　　　　　　　午後

/ (　)

イライラしていない
やる気がある　充実感がある
不安感がない　リラックスしている

今日のよかったこと

今日、心に残った出来事

昨晩の睡眠時間　　睡眠の質

時間　　分

0 1 2 3 4 5 6 7 8 9 10 11 12 1 2 3 4 5 6 7 8 9 10 11 12
午前　　　　　　　　　　　　午後

/　（　）

イライラしていない
やる気がある　充実感がある
不安感がない　リラックスしている

今日のよかったこと

今日、心に残った出来事

昨晩の睡眠時間　睡眠の質

時間　分

0 1 2 3 4 5 6 7 8 9 10 11 12 1 2 3 4 5 6 7 8 9 10 11 12
午前　　　　　　　　　　　　　午後

/ (　)

イライラしていない
やる気がある　充実感がある
不安感がない　リラックスしている

今日のよかったこと

今日、心に残った出来事

昨晩の睡眠時間　睡眠の質
時間　分
0 1 2 3 4 5 6 7 8 9 10 11 12 1 2 3 4 5 6 7 8 9 10 11 12
午前　午後

/ (　)

イライラしていない
やる気がある　　充実感がある
不安感がない　　リラックスしている

今日のよかったこと

今日、心に残った出来事

昨晩の睡眠時間　睡眠の質
　　　　　　　　0 1 2 3 4 5 6 7 8 9 10 11 12 1 2 3 4 5 6 7 8 9 10 11 12
　時間　　分
　　　　　　　　午前　　　　　　　　　　　　　午後

/   (   )

イライラしていない
やる気がある　　充実感がある
不安感がない　　リラックスしている

今日のよかったこと

今日、心に残った出来事

昨晩の睡眠時間　　睡眠の質

時間　　分

0 1 2 3 4 5 6 7 8 9 10 11 12 1 2 3 4 5 6 7 8 9 10 11 12
午前　　　　　　　　　　　　午後

/　　（　）

イライラしていない
やる気がある　充実感がある
不安感がない　リラックスしている

今日のよかったこと

今日、心に残った出来事

昨晩の睡眠時間　睡眠の質

時間　分

0 1 2 3 4 5 6 7 8 9 10 11 12 1 2 3 4 5 6 7 8 9 10 11 12
午前　　　　　　　　　　　　午後

/ (   )

今日のよかったこと

今日、心に残った出来事

昨晩の睡眠時間　　時間　分

睡眠の質　0 1 2 3 4 5 6 7 8 9 10 11 12 1 2 3 4 5 6 7 8 9 10 11 12
午前　　　　　　　　午後

/ ( )

イライラしていない
やる気がある　充実感がある
不安感がない　リラックスしている

今日のよかったこと

今日、心に残った出来事

昨晩の睡眠時間　　睡眠の質
　時間　分
0 1 2 3 4 5 6 7 8 9 10 11 12 1 2 3 4 5 6 7 8 9 10 11 12
午前　　　　　　　　　　　　午後

/ （　）

今日のよかったこと

今日、心に残った出来事

昨晩の睡眠時間　睡眠の質

時間　　分

0 1 2 3 4 5 6 7 8 9 10 11 12 1 2 3 4 5 6 7 8 9 10 11 12
午前　　　　　　　　　　　　　　　　　午後

/　（　）

イライラしていない
やる気がある　充実感がある
不安感がない　リラックスしている

今日のよかったこと

今日、心に残った出来事

昨晩の睡眠時間　　睡眠の質

　　時間　　分

0 1 2 3 4 5 6 7 8 9 10 11 12 1 2 3 4 5 6 7 8 9 10 11 12
午前　　　　　　　　　　　　　午後

/   ( )

イライラしていない
やる気がある　　充実感がある
不安感がない　　リラックスしている

今日のよかったこと

今日、心に残った出来事

昨晩の睡眠時間　　睡眠の質
時間　　分
0 1 2 3 4 5 6 7 8 9 10 11 12 1 2 3 4 5 6 7 8 9 10 11 12
午前　　　　　　　　　　　午後

/ (   )

イライラしていない
やる気がある　　充実感がある
不安感がない　　リラックスしている

今日のよかったこと

今日、心に残った出来事

昨晩の睡眠時間　　睡眠の質

．時間　　分

0 1 2 3 4 5 6 7 8 9 10 11 12 1 2 3 4 5 6 7 8 9 10 11 12
午前　　　　　　　　　　　　午後

/ (　)

イライラしていない
やる気がある　充実感がある
不安感がない　リラックスしている

今日のよかったこと

今日、心に残った出来事

昨晩の睡眠時間　　睡眠の質

時間　　分

0 1 2 3 4 5 6 7 8 9 10 11 12 1 2 3 4 5 6 7 8 9 10 11 12
午前　　　　　　　　　　　　午後

/　（　）

イライラしていない
やる気がある　充実感がある
不安感がない　リラックスしている

今日のよかったこと

今日、心に残った出来事

昨晩の睡眠時間　睡眠の質
時間　分

0 1 2 3 4 5 6 7 8 9 10 11 12 1 2 3 4 5 6 7 8 9 10 11 12
午前　　　　　　　　　　　午後

/   (　)

イライラしていない
やる気がある　　充実感がある
不安感がない　　リラックスしている

今日のよかったこと

今日、心に残った出来事

昨晩の睡眠時間　　睡眠の質

時間　　分

0　1　2　3　4　5　6　7　8　9　10　11　12　1　2　3　4　5　6　7　8　9　10　11　12
午前　　　　　　　　　　　　　　午後

/   （　）

イライラしていない
やる気がある　　充実感がある
不安感がない　リラックスしている

今日のよかったこと

今日、心に残った出来事

昨晩の睡眠時間　　睡眠の質

時間　　分

0 1 2 3 4 5 6 7 8 9 10 11 12 1 2 3 4 5 6 7 8 9 10 11 12
午前　　　　　　　　　　　　午後

/   (   )

イライラしていない
やる気がある　　充実感がある
不安感がない　リラックスしている

今日のよかったこと

今日、心に残った出来事

昨晩の睡眠時間　　睡眠の質
　時間　　分
0 1 2 3 4 5 6 7 8 9 10 11 12 1 2 3 4 5 6 7 8 9 10 11 12
午前　　　　　　　　　　　午後

／　　（　）

イライラしていない
やる気がある　充実感がある
不安感がない　リラックスしている

今日のよかったこと

今日、心に残った出来事

昨晩の睡眠時間　睡眠の質

時間　分

0　1　2　3　4　5　6　7　8　9　10　11　12　1　2　3　4　5　6　7　8　9　10　11　12
午前　　　　　　　　　　　　　　　　午後

/　　（　）

イライラしていない
やる気がある　充実感がある
不安感がない　リラックスしている

今日のよかったこと

今日、心に残った出来事

昨晩の睡眠時間　　睡眠の質
　　時間　　分　　0 1 2 3 4 5 6 7 8 9 10 11 12 1 2 3 4 5 6 7 8 9 10 11 12
　　　　　　　　　午前　　　　　　　　　　　　午後

/　（　）

イライラしていない
やる気がある　　　充実感がある
不安感がない　　リラックスしている

今日のよかったこと

今日、心に残った出来事

昨晩の睡眠時間　　睡眠の質

　　時間　　分

0 1 2 3 4 5 6 7 8 9 10 11 12 1 2 3 4 5 6 7 8 9 10 11 12
午前　　　　　　　　　　　　　　午後

/　　（　）

イライラしていない
やる気がある　　充実感がある
不安感がない　　リラックスしている

今日のよかったこと

今日、心に残った出来事

昨晩の睡眠時間　　睡眠の質

時間　　分

0 1 2 3 4 5 6 7 8 9 10 11 12 1 2 3 4 5 6 7 8 9 10 11 12
午前　　　　　　　　　　　午後

/ （ ）

イライラしていない
やる気がある　　充実感がある
不安感がない　リラックスしている

今日のよかったこと

今日、心に残った出来事

昨晩の睡眠時間　睡眠の質
時間　分
0 1 2 3 4 5 6 7 8 9 10 11 12 1 2 3 4 5 6 7 8 9 10 11 12
午前　　　　　　　　　　午後

/   （　）

イライラしていない
やる気がある　　充実感がある
不安感がない　リラックスしている

今日のよかったこと

今日、心に残った出来事

昨晩の睡眠時間　　睡眠の質
　時間　　分
0 1 2 3 4 5 6 7 8 9 10 11 12 1 2 3 4 5 6 7 8 9 10 11 12
午前　　　　　　　　　　　午後

/ (　)

イライラしていない
やる気がある　充実感がある
不安感がない　リラックスしている

今日のよかったこと

今日、心に残った出来事

昨晩の睡眠時間　睡眠の質
時間　分
0 1 2 3 4 5 6 7 8 9 10 11 12 1 2 3 4 5 6 7 8 9 10 11 12
午前　　　　　　　　　　　午後

/ ( )

イライラしていない
やる気がある　　充実感がある
不安感がない　リラックスしている

今日のよかったこと

今日、心に残った出来事

昨晩の睡眠時間　　睡眠の質

時間　分

0 1 2 3 4 5 6 7 8 9 10 11 12 1 2 3 4 5 6 7 8 9 10 11 12
午前　　　　　　　　　　　午後

/   (　)

イライラしていない
やる気がある　充実感がある
不安感がない　リラックスしている

今日のよかったこと

今日、心に残った出来事

昨晩の睡眠時間　睡眠の質
時間　分

0 1 2 3 4 5 6 7 8 9 10 11 12 1 2 3 4 5 6 7 8 9 10 11 12
午前　　　　　　　　　　　　　　　午後

/   (   )

イライラしていない
やる気がある　充実感がある
不安感がない　リラックスしている

今日のよかったこと

今日、心に残った出来事

昨晩の睡眠時間　　睡眠の質

時間　　分

0 1 2 3 4 5 6 7 8 9 10 11 12 1 2 3 4 5 6 7 8 9 10 11 12
午前　　　　　　　　　　　　午後

/　（　）

イライラしていない
やる気がある　充実感がある
不安感がない　リラックスしている

今日のよかったこと

今日、心に残った出来事

昨晩の睡眠時間　　睡眠の質
時間　分
0 1 2 3 4 5 6 7 8 9 10 11 12 1 2 3 4 5 6 7 8 9 10 11 12
午前　　　　　　　　　　午後

/　（　）

イライラしていない
やる気がある　充実感がある
不安感がない　リラックスしている

今日のよかったこと

今日、心に残った出来事

昨晩の睡眠時間　睡眠の質
時間　分
0 1 2 3 4 5 6 7 8 9 10 11 12 1 2 3 4 5 6 7 8 9 10 11 12
午前　午後

/　(　)

イライラしていない
やる気がある　充実感がある
不安感がない　リラックスしている

今日のよかったこと

今日、心に残った出来事

昨晩の睡眠時間　　睡眠の質
　　時間　　分
0 1 2 3 4 5 6 7 8 9 10 11 12 1 2 3 4 5 6 7 8 9 10 11 12
午前　　　　　　　　　　　　午後

/ ( )

今日のよかったこと

今日、心に残った出来事

昨晩の睡眠時間	睡眠の質
時間　分	0 1 2 3 4 5 6 7 8 9 10 11 12 1 2 3 4 5 6 7 8 9 10 11 12 午前　　　　　　　　　　　　午後

/ （ ）

イライラしていない
やる気がある　充実感がある
不安感がない　リラックスしている

今日のよかったこと

今日、心に残った出来事

昨晩の睡眠時間　睡眠の質
時間　分
0 1 2 3 4 5 6 7 8 9 10 11 12 1 2 3 4 5 6 7 8 9 10 11 12
午前　　　　　　　　　　　　午後

/   (   )

今日のよかったこと

今日、心に残った出来事

昨晩の睡眠時間	睡眠の質
時間　　分	0 1 2 3 4 5 6 7 8 9 10 11 12 1 2 3 4 5 6 7 8 9 10 11 12 午前　　　　　　　　　　　　　　午後

/   ( )

イライラしていない
やる気がある　　充実感がある
不安感がない　リラックスしている

今日のよかったこと

今日、心に残った出来事

昨晩の睡眠時間　　睡眠の質
　　時間　　分

0 1 2 3 4 5 6 7 8 9 10 11 12 1 2 3 4 5 6 7 8 9 10 11 12
午前　　　　　　　　　　　午後

/   (   )

イライラしていない
やる気がある　　充実感がある
不安感がない　リラックスしている

今日のよかったこと

今日、心に残った出来事

昨晩の睡眠時間　　睡眠の質
　時間　　分
0 1 2 3 4 5 6 7 8 9 10 11 12 1 2 3 4 5 6 7 8 9 10 11 12
午前　　　　　　　　　　　午後

/　（　）

イライラしていない
やる気がある　充実感がある
不安感がない　リラックスしている

今日のよかったこと

今日、心に残った出来事

昨晩の睡眠時間　睡眠の質
0 1 2 3 4 5 6 7 8 9 10 11 12 1 2 3 4 5 6 7 8 9 10 11 12

時間　分
午前　午後

/　（　）

イライラしていない
やる気がある　充実感がある
不安感がない　リラックスしている

今日のよかったこと

今日、心に残った出来事

昨晩の睡眠時間　睡眠の質

時間　分

0　1　2　3　4　5　6　7　8　9　10　11　12　1　2　3　4　5　6　7　8　9　10　11　12
午前　午後

/　（　）

イライラしていない
やる気がある　充実感がある
不安感がない　リラックスしている

今日のよかったこと

今日、心に残った出来事

昨晩の睡眠時間　睡眠の質
0 1 2 3 4 5 6 7 8 9 10 11 12 1 2 3 4 5 6 7 8 9 10 11 12
時間　分
午前　　　　　　　　　　午後

／　（　）

イライラしていない
やる気がある　充実感がある
不安感がない　リラックスしている

今日のよかったこと

今日、心に残った出来事

昨晩の睡眠時間	睡眠の質
時間　　分	0 1 2 3 4 5 6 7 8 9 10 11 12 1 2 3 4 5 6 7 8 9 10 11 12 午前　　　　　　　　　　　　午後

/   (   )

イライラしていない
やる気がある　充実感がある
不安感がない　リラックスしている

今日のよかったこと

今日、心に残った出来事

昨晩の睡眠時間　　睡眠の質
時間　　分

0 1 2 3 4 5 6 7 8 9 10 11 12 1 2 3 4 5 6 7 8 9 10 11 12
午前　　　　　　　　　　　　　午後

/   （　）

イライラしていない
やる気がある　　充実感がある
不安感がない　リラックスしている

今日のよかったこと

今日、心に残った出来事

昨晩の睡眠時間	睡眠の質
時間　　分	0 1 2 3 4 5 6 7 8 9 10 11 12 1 2 3 4 5 6 7 8 9 10 11 12 午前　　　　　　　　　　　　午後

/   ( )

イライラしていない
やる気がある　　充実感がある
不安感がない　リラックスしている

今日のよかったこと

今日、心に残った出来事

昨晩の睡眠時間　睡眠の質
時間　　分
0 1 2 3 4 5 6 7 8 9 10 11 12 1 2 3 4 5 6 7 8 9 10 11 12
午前　　　　　　　　　　　午後

/   ( )

イライラしていない
やる気がある　　　充実感がある
不安感がない　　リラックスしている

今日のよかったこと

今日、心に残った出来事

昨晩の睡眠時間	睡眠の質
時間　　分	0 1 2 3 4 5 6 7 8 9 10 11 12 1 2 3 4 5 6 7 8 9 10 11 12 午前　　　　　　　　　　　　午後

/ (　)

イライラしていない
やる気がある　　　充実感がある
不安感がない　　リラックスしている

今日のよかったこと

今日、心に残った出来事

昨晩の睡眠時間　　睡眠の質
　　時間　　分
0 1 2 3 4 5 6 7 8 9 10 11 12 1 2 3 4 5 6 7 8 9 10 11 12
午前　　　　　　　　　　　　午後

/　（　）

今日のよかったこと

今日、心に残った出来事

昨晩の睡眠時間	睡眠の質
時間　　　分	0 1 2 3 4 5 6 7 8 9 10 11 12 1 2 3 4 5 6 7 8 9 10 11 12 午前　　　　　　　　　　　　　　午後

/　（　）

イライラしていない
やる気がある　充実感がある
不安感がない　リラックスしている

今日のよかったこと

今日、心に残った出来事

昨晩の睡眠時間　睡眠の質
　時間　分
0 1 2 3 4 5 6 7 8 9 10 11 12 1 2 3 4 5 6 7 8 9 10 11 12
午前　　　　　　　　　　　午後

/　（　）

今日のよかったこと

今日、心に残った出来事

昨晩の睡眠時間	睡眠の質

時間　　分

0 1 2 3 4 5 6 7 8 9 10 11 12 1 2 3 4 5 6 7 8 9 10 11 12
午前　　　　　　　　　　　　　　午後

イライラしていない
やる気がある　　充実感がある
不安感がない　リラックスしている

/　　（　）

イライラしていない
やる気がある　充実感がある
不安感がない　リラックスしている

今日のよかったこと

今日、心に残った出来事

昨晩の睡眠時間　睡眠の質
時間　分
午前　　　午後

/ （　）

今日のよかったこと

今日、心に残った出来事

昨晩の睡眠時間　　睡眠の質
　時間　　分
　　　　　　　0 1 2 3 4 5 6 7 8 9 10 11 12 1 2 3 4 5 6 7 8 9 10 11 12
　　　　　　　午前　　　　　　　　　　　　　午後

/   ( )

イライラしていない
やる気がある　充実感がある
不安感がない　リラックスしている

今日のよかったこと

今日、心に残った出来事

昨晩の睡眠時間　睡眠の質
0 1 2 3 4 5 6 7 8 9 10 11 12 1 2 3 4 5 6 7 8 9 10 11 12
時間　分
午前　　　　　　　　　　午後

/　（　）

イライラしていない
やる気がある　充実感がある
不安感がない　リラックスしている

今日のよかったこと

今日、心に残った出来事

昨晩の睡眠時間　　睡眠の質

時間　　分

0 1 2 3 4 5 6 7 8 9 10 11 12 1 2 3 4 5 6 7 8 9 10 11 12
午前　　　　　　　　　　　　　午後

/   ( )

イライラしていない
やる気がある 充実感がある
不安感がない リラックスしている

今日のよかったこと

今日、心に残った出来事

昨晩の睡眠時間　睡眠の質
0 1 2 3 4 5 6 7 8 9 10 11 12 1 2 3 4 5 6 7 8 9 10 11 12
　時間　　分
午前　　　　　　　　　　　　　午後

/   (   )

今日のよかったこと

今日、心に残った出来事

昨晩の睡眠時間　睡眠の質

時間　　分

0 1 2 3 4 5 6 7 8 9 10 11 12 1 2 3 4 5 6 7 8 9 10 11 12
午前　　　　　　　　　　　　　午後

/　（　）

イライラしていない
やる気がある　　充実感がある
不安感がない　リラックスしている

今日のよかったこと

今日、心に残った出来事

昨晩の睡眠時間　睡眠の質
時間　　分
0 1 2 3 4 5 6 7 8 9 10 11 12 1 2 3 4 5 6 7 8 9 10 11 12
午前　　　　　　　　　　　午後

/　（　）

イライラしていない
やる気がある　充実感がある
不安感がない　リラックスしている

今日のよかったこと

今日、心に残った出来事

昨晩の睡眠時間　睡眠の質
　時間　分
0 1 2 3 4 5 6 7 8 9 10 11 12 1 2 3 4 5 6 7 8 9 10 11 12
午前　　　　　　　　　　　　午後

/　　（　）

イライラしていない
やる気がある　充実感がある
不安感がない　リラックスしている

今日のよかったこと

今日、心に残った出来事

昨晩の睡眠時間　　**睡眠の質**

時間　　分

0　1　2　3　4　5　6　7　8　9　10　11　12　1　2　3　4　5　6　7　8　9　10　11　12
午前　　　　　　　　　　　　　　　　午後

/　（　）

|イライラしていない|
|やる気がある　　充実感がある|
|不安感がない　　リラックスしている|

今日のよかったこと

今日、心に残った出来事

昨晩の睡眠時間　　睡眠の質
時間　　分
0 1 2 3 4 5 6 7 8 9 10 11 12 1 2 3 4 5 6 7 8 9 10 11 12
午前　　　　　　　　　　　　午後

/　(　)

イライラしていない
やる気がある　充実感がある
不安感がない　リラックスしている

今日のよかったこと

今日、心に残った出来事

昨晩の睡眠時間　睡眠の質

時間　分

0 1 2 3 4 5 6 7 8 9 10 11 12 1 2 3 4 5 6 7 8 9 10 11 12
午前　午後

/ （　）

イライラしていない
やる気がある　　充実感がある
不安感がない　　リラックスしている

今日のよかったこと

今日、心に残った出来事

昨晩の睡眠時間　　睡眠の質
　時間　　分
0 1 2 3 4 5 6 7 8 9 10 11 12 1 2 3 4 5 6 7 8 9 10 11 12
午前　　　　　　　　　　　　午後

/　（　）

イライラしていない
やる気がある　充実感がある
不安感がない　リラックスしている

今日のよかったこと

今日、心に残った出来事

昨晩の睡眠時間　睡眠の質
時間　分
0 1 2 3 4 5 6 7 8 9 10 11 12 1 2 3 4 5 6 7 8 9 10 11 12
午前　午後

/ ( )

今日のよかったこと

今日、心に残った出来事

昨晩の睡眠時間　　睡眠の質

時間　　分

0 1 2 3 4 5 6 7 8 9 10 11 12 1 2 3 4 5 6 7 8 9 10 11 12
午前　　　　　　　　　　　　　　午後

/　（　）

イライラしていない
やる気がある　充実感がある
不安感がない　リラックスしている

今日のよかったこと

今日、心に残った出来事

昨晩の睡眠時間　睡眠の質
時間　分
0 1 2 3 4 5 6 7 8 9 10 11 12 1 2 3 4 5 6 7 8 9 10 11 12
午前　午後

/　　（　）

イライラしていない
やる気がある　充実感がある
不安感がない　リラックスしている

今日のよかったこと

今日、心に残った出来事

昨晩の睡眠時間　睡眠の質
0　1　2　3　4　5　6　7　8　9　10　11　12　1　2　3　4　5　6　7　8　9　10　11　12
時間　分
午前　　　　　　　　　　　午後

/　（　）

イライラしていない
やる気がある　　充実感がある
不安感がない　　リラックスしている

今日のよかったこと

今日、心に残った出来事

昨晩の睡眠時間　　睡眠の質
時間　　分

0 1 2 3 4 5 6 7 8 9 10 11 12 1 2 3 4 5 6 7 8 9 10 11 12
午前　　　　　　　　　　　　午後

/   ( )

今日のよかったこと

今日、心に残った出来事

昨晩の睡眠時間　　睡眠の質

時間　　分

0 1 2 3 4 5 6 7 8 9 10 11 12 1 2 3 4 5 6 7 8 9 10 11 12

午前　　　　　　　　　　　　午後

/　　（　）

イライラしていない
やる気がある　　充実感がある
不安感がない　　リラックスしている

今日のよかったこと

今日、心に残った出来事

昨晩の睡眠時間　　睡眠の質
時間　分
0 1 2 3 4 5 6 7 8 9 10 11 12 1 2 3 4 5 6 7 8 9 10 11 12
午前　　　　　　　　　　　　午後

/　（　）

イライラしていない
やる気がある　充実感がある
不安感がない　リラックスしている

今日のよかったこと

今日、心に残った出来事

昨晩の睡眠時間　睡眠の質
時間　分

0 1 2 3 4 5 6 7 8 9 10 11 12 1 2 3 4 5 6 7 8 9 10 11 12
午前　　　　　　　　　　　　　午後

/　（　）

イライラしていない
やる気がある　　　充実感がある
不安感がない　　リラックスしている

今日のよかったこと

今日、心に残った出来事

昨晩の睡眠時間　　睡眠の質

時間　　分

0　1　2　3　4　5　6　7　8　9　10　11　12　1　2　3　4　5　6　7　8　9　10　11　12
午前　　　　　　　　　　　　　　　　午後

/   (　)

イライラしていない
やる気がある　　充実感がある
不安感がない　リラックスしている

今日のよかったこと

今日、心に残った出来事

昨晩の睡眠時間　睡眠の質
　時間　　分

0 1 2 3 4 5 6 7 8 9 10 11 12 1 2 3 4 5 6 7 8 9 10 11 12
午前　　　　　　　　　　　　午後

/　（　）

イライラしていない
やる気がある　　充実感がある
不安感がない　リラックスしている

今日のよかったこと

今日、心に残った出来事

昨晩の睡眠時間　　睡眠の質
0 1 2 3 4 5 6 7 8 9 10 11 12 1 2 3 4 5 6 7 8 9 10 11 12
午前　　　　　　　　　　午後

時間　　分

/   (   )

イライラしていない
やる気がある　　充実感がある
不安感がない　　リラックスしている

今日のよかったこと

今日、心に残った出来事

昨晩の睡眠時間　　睡眠の質

時間　　分	0	1	2	3	4	5	6	7	8	9	10	11	12	1	2	3	4	5	6	7	8	9	10	11	12

午前　　　　　　　　　　　　　午後

/ ( )

イライラしていない
やる気がある　　充実感がある
不安感がない　リラックスしている

今日のよかったこと

今日、心に残った出来事

昨晩の睡眠時間	睡眠の質
時間　　分	0 1 2 3 4 5 6 7 8 9 10 11 12 1 2 3 4 5 6 7 8 9 10 11 12 午前　　　　　　　　　　　　　　午後

/　（　　）

イライラしていない
やる気がある　　充実感がある
不安感がない　　リラックスしている

今日のよかったこと

今日、心に残った出来事

昨晩の睡眠時間　　睡眠の質
　　時間　　分
0 1 2 3 4 5 6 7 8 9 10 11 12 1 2 3 4 5 6 7 8 9 10 11 12
午前　　　　　　　　　　　　午後

/　（　）

イライラしていない
やる気がある　充実感がある
不安感がない　リラックスしている

今日のよかったこと

今日、心に残った出来事

昨晩の睡眠時間　睡眠の質
時間　分
0 1 2 3 4 5 6 7 8 9 10 11 12 1 2 3 4 5 6 7 8 9 10 11 12
午前　午後

/   (   )

イライラしていない
やる気がある　　充実感がある
不安感がない　　リラックスしている

今日のよかったこと

今日、心に残った出来事

昨晩の睡眠時間　　睡眠の質

時間　　分

0 1 2 3 4 5 6 7 8 9 10 11 12 1 2 3 4 5 6 7 8 9 10 11 12
午前　　　　　　　　　　　　　午後

/　（　）

イライラしていない
やる気がある　充実感がある
不安感がない　リラックスしている

今日のよかったこと

今日、心に残った出来事

昨晩の睡眠時間　睡眠の質
時間　分
0 1 2 3 4 5 6 7 8 9 10 11 12 1 2 3 4 5 6 7 8 9 10 11 12
午前　　　　　　　　　　午後

/ （　）

イライラしていない
やる気がある　充実感がある
不安感がない　リラックスしている

今日のよかったこと

今日、心に残った出来事

昨晩の睡眠時間	睡眠の質
時間　　分	0 1 2 3 4 5 6 7 8 9 10 11 12 1 2 3 4 5 6 7 8 9 10 11 12 午前　　　　　　　　　　　　午後

/　（　）

イライラしていない
やる気がある　充実感がある
不安感がない　リラックスしている

今日のよかったこと

今日、心に残った出来事

昨晩の睡眠時間　睡眠の質
0 1 2 3 4 5 6 7 8 9 10 11 12 1 2 3 4 5 6 7 8 9 10 11 12
時間　分
午前　　　　　　　　　　　午後

／　　／　（　）

イライラしていない
やる気がある　充実感がある
不安感がない　リラックスしている

今日のよかったこと

今日、心に残った出来事

昨晩の睡眠時間　　睡眠の質
時間　　分

0　1　2　3　4　5　6　7　8　9　10　11　12　1　2　3　4　5　6　7　8　9　10　11　12
午前　　　　　　　　　　　　　　午後

/ (　)

イライラしていない
やる気がある　充実感がある
不安感がない　リラックスしている

今日のよかったこと

今日、心に残った出来事

昨晩の睡眠時間　睡眠の質

時間　分

0 1 2 3 4 5 6 7 8 9 10 11 12 1 2 3 4 5 6 7 8 9 10 11 12
午前　　　　　　　　　　　　　午後

    /   (   )

```
         イライラしていない
    やる気            充実感
    がある            がある


    不安感がない   リラックスしている
```

今日のよかったこと

今日、心に残った出来事

昨晩の睡眠時間	睡眠の質
時間　　分	0 1 2 3 4 5 6 7 8 9 10 11 12 1 2 3 4 5 6 7 8 9 10 11 12
	午前　　　　　　　　　　　　　午後

/   ( )

イライラしていない
やる気がある　充実感がある
不安感がない　リラックスしている

今日のよかったこと

今日、心に残った出来事

昨晩の睡眠時間　　睡眠の質
　　時間　　分
0 1 2 3 4 5 6 7 8 9 10 11 12 1 2 3 4 5 6 7 8 9 10 11 12
午前　　　　　　　　　　午後

／　（　）

イライラしていない
やる気がある　充実感がある
不安感がない　リラックスしている

今日のよかったこと

今日、心に残った出来事

昨晩の睡眠時間　睡眠の質
時間　分
0 1 2 3 4 5 6 7 8 9 10 11 12 1 2 3 4 5 6 7 8 9 10 11 12
午前　　　　　　　　　　　午後

/　（　）

イライラしていない
やる気がある　充実感がある
不安感がない　リラックスしている

今日のよかったこと

今日、心に残った出来事

昨晩の睡眠時間	睡眠の質																								
時間　分	0	1	2	3	4	5	6	7	8	9	10	11	12	1	2	3	4	5	6	7	8	9	10	11	12
	午前													午後											

　　／　　（　）

今日のよかったこと

今日、心に残った出来事

昨晩の睡眠時間　　睡眠の質

時間　　分

午前　　　　　　　　　　午後

/　(　)

イライラしていない
やる気がある　充実感がある
不安感がない　リラックスしている

今日のよかったこと

今日、心に残った出来事

昨晩の睡眠時間　　睡眠の質
　時間　　分
0 1 2 3 4 5 6 7 8 9 10 11 12 1 2 3 4 5 6 7 8 9 10 11 12
午前　　　　　　　　　　　午後

/ （　）

イライラしていない
やる気がある　充実感がある
不安感がない　リラックスしている

今日のよかったこと

今日、心に残った出来事

昨晩の睡眠時間　睡眠の質
時間　　分
0 1 2 3 4 5 6 7 8 9 10 11 12 1 2 3 4 5 6 7 8 9 10 11 12
午前　　　　　　　　　　　　午後

/　（　）

イライラしていない
やる気がある　充実感がある
不安感がない　リラックスしている

今日のよかったこと

今日、心に残った出来事

昨晩の睡眠時間　睡眠の質
0 1 2 3 4 5 6 7 8 9 10 11 12 1 2 3 4 5 6 7 8 9 10 11 12
午前　　　　　　　　　　　午後

時間　分

/　　（　）

イライラしていない
やる気がある　　充実感がある
不安感がない　リラックスしている

今日のよかったこと

今日、心に残った出来事

昨晩の睡眠時間　睡眠の質
時間　　分
0 1 2 3 4 5 6 7 8 9 10 11 12 1 2 3 4 5 6 7 8 9 10 11 12
午前　　　　　　　　　　　午後

/　　（　）

イライラしていない
やる気がある　　充実感がある
不安感がない　　リラックスしている

今日のよかったこと

今日、心に残った出来事

昨晩の睡眠時間　睡眠の質
0 1 2 3 4 5 6 7 8 9 10 11 12 1 2 3 4 5 6 7 8 9 10 11 12
午前　　　　　　　　　　　　午後

　　時間　　分

/   (   )

イライラしていない
やる気がある　充実感がある
不安感がない　リラックスしている

今日のよかったこと

今日、心に残った出来事

昨晩の睡眠時間　　睡眠の質
　時間　　分

0 1 2 3 4 5 6 7 8 9 10 11 12 1 2 3 4 5 6 7 8 9 10 11 12
午前　　　　　　　　　　　　午後

/　（　）

|イライラしていない|
|やる気がある　充実感がある|
|不安感がない　リラックスしている|

今日のよかったこと

今日、心に残った出来事

昨晩の睡眠時間　　睡眠の質
　時間　　分
0 1 2 3 4 5 6 7 8 9 10 11 12 1 2 3 4 5 6 7 8 9 10 11 12
午前　　　　　　　　　　　　午後

/　（　）

イライラしていない
やる気がある　充実感がある
不安感がない　リラックスしている

今日のよかったこと

今日、心に残った出来事

昨晩の睡眠時間　睡眠の質
0 1 2 3 4 5 6 7 8 9 10 11 12 1 2 3 4 5 6 7 8 9 10 11 12
午前　午後

時間　分

/ ( )

イライラしていない
やる気がある　充実感がある
不安感がない　リラックスしている

今日のよかったこと

今日、心に残った出来事

昨晩の睡眠時間　睡眠の質
0 1 2 3 4 5 6 7 8 9 10 11 12 1 2 3 4 5 6 7 8 9 10 11 12
時間　分
午前　　　　　　　　　　午後

/   (   )

イライラしていない
やる気がある　　充実感がある
不安感がない　　リラックスしている

今日のよかったこと

今日、心に残った出来事

昨晩の睡眠時間　　睡眠の質

時間　　分

0 1 2 3 4 5 6 7 8 9 10 11 12 1 2 3 4 5 6 7 8 9 10 11 12
午前　　　　　　　　　　　　午後

/   (   )

今日のよかったこと

今日、心に残った出来事

昨晩の睡眠時間　睡眠の質

時間　分

0 1 2 3 4 5 6 7 8 9 10 11 12 1 2 3 4 5 6 7 8 9 10 11 12
午前　　　　　　　　　　　　　　午後

/   (   )

イライラしていない
やる気がある　　充実感がある
不安感がない　　リラックスしている

今日のよかったこと

今日、心に残った出来事

昨晩の睡眠時間　　睡眠の質
0 1 2 3 4 5 6 7 8 9 10 11 12 1 2 3 4 5 6 7 8 9 10 11 12
時間　　分
午前　　　　　　　　　　午後

/　（　）

イライラしていない
やる気がある　　充実感がある
不安感がない　リラックスしている

今日のよかったこと

今日、心に残った出来事

昨晩の睡眠時間　睡眠の質

時間　分

0 1 2 3 4 5 6 7 8 9 10 11 12 1 2 3 4 5 6 7 8 9 10 11 12
午前　　　　　　　　　　　　午後

/ (　)

イライラしていない
やる気がある　充実感がある
不安感がない　リラックスしている

今日のよかったこと

今日、心に残った出来事

昨晩の睡眠時間　　睡眠の質
時間　分
0 1 2 3 4 5 6 7 8 9 10 11 12 1 2 3 4 5 6 7 8 9 10 11 12
午前　　　　　　　　　　　午後

/　（　）

イライラしていない
やる気がある　充実感がある
不安感がない　リラックスしている

今日のよかったこと

今日、心に残った出来事

昨晩の睡眠時間　睡眠の質
時間　分
0 1 2 3 4 5 6 7 8 9 10 11 12 1 2 3 4 5 6 7 8 9 10 11 12
午前　午後

/ (　)

イライラしていない
やる気がある
充実感がある
不安感がない
リラックスしている

今日のよかったこと

今日、心に残った出来事

昨晩の睡眠時間　　睡眠の質

時間　　分

0 1 2 3 4 5 6 7 8 9 10 11 12 1 2 3 4 5 6 7 8 9 10 11 12
午前　　　　　　　　　　　　　　午後

/　　（　）

イライラしていない
やる気がある　充実感がある
不安感がない　リラックスしている

今日のよかったこと

今日、心に残った出来事

昨晩の睡眠時間　睡眠の質
時間　分

0 1 2 3 4 5 6 7 8 9 10 11 12 1 2 3 4 5 6 7 8 9 10 11 12
午前　　　　　　　　　　　　　午後

/   (　)

|イライラしていない|
|やる気がある　充実感がある|
|不安感がない　リラックスしている|

今日のよかったこと

今日、心に残った出来事

昨晩の睡眠時間	睡眠の質
時間　分	0 1 2 3 4 5 6 7 8 9 10 11 12 1 2 3 4 5 6 7 8 9 10 11 12 午前　　　　　　　　　　　午後

/　(　)

イライラしていない
やる気がある　充実感がある
不安感がない　リラックスしている

今日のよかったこと

今日、心に残った出来事

昨晩の睡眠時間　睡眠の質

時間　分

0 1 2 3 4 5 6 7 8 9 10 11 12 1 2 3 4 5 6 7 8 9 10 11 12
午前　　　　　　　　　　　　　　午後

/　　（　）

イライラしていない
やる気がある　　充実感がある
不安感がない　リラックスしている

今日のよかったこと

今日、心に残った出来事

昨晩の睡眠時間	睡眠の質
時間　　分	0 1 2 3 4 5 6 7 8 9 10 11 12 1 2 3 4 5 6 7 8 9 10 11 12
	午前　　　　　　　　　　　　午後

/   (   )

イライラしていない
やる気がある　　充実感がある
不安感がない　リラックスしている

今日のよかったこと

今日、心に残った出来事

昨晩の睡眠時間　睡眠の質
　時間　　分
0 1 2 3 4 5 6 7 8 9 10 11 12 1 2 3 4 5 6 7 8 9 10 11 12
午前　　　　　　　　　　　　午後

/　（　）

イライラしていない
やる気がある　充実感がある
不安感がない　リラックスしている

今日のよかったこと

今日、心に残った出来事

昨晩の睡眠時間　　睡眠の質
　　時間　　分

0 1 2 3 4 5 6 7 8 9 10 11 12 1 2 3 4 5 6 7 8 9 10 11 12
午前　　　　　　　　　　　午後

/　（　）

イライラしていない
やる気がある　充実感がある
不安感がない　リラックスしている

今日のよかったこと

今日、心に残った出来事

昨晩の睡眠時間　睡眠の質
時間　分
0 1 2 3 4 5 6 7 8 9 10 11 12 1 2 3 4 5 6 7 8 9 10 11 12
午前　午後

/   (   )

イライラしていない
やる気がある　充実感がある
不安感がない　リラックスしている

今日のよかったこと

今日、心に残った出来事

昨晩の睡眠時間　睡眠の質

時間　分

0 1 2 3 4 5 6 7 8 9 10 11 12 1 2 3 4 5 6 7 8 9 10 11 12

午前　　　　　　　　　　　午後

／　　（　　）

イライラしていない
やる気がある　充実感がある
不安感がない　リラックスしている

今日のよかったこと

今日、心に残った出来事

昨晩の睡眠時間　　睡眠の質

時間　　分

0 1 2 3 4 5 6 7 8 9 10 11 12 1 2 3 4 5 6 7 8 9 10 11 12
午前　　　　　　　　　　　　　午後

/　（　）

イライラしていない
やる気がある　充実感がある
不安感がない　リラックスしている

今日のよかったこと

今日、心に残った出来事

昨晩の睡眠時間　睡眠の質

時間　分

0 1 2 3 4 5 6 7 8 9 10 11 12 1 2 3 4 5 6 7 8 9 10 11 12
午前　午後

/ (　)

イライラしていない
やる気がある　充実感がある
不安感がない　リラックスしている

今日のよかったこと

今日、心に残った出来事

昨晩の睡眠時間　睡眠の質
0 1 2 3 4 5 6 7 8 9 10 11 12 1 2 3 4 5 6 7 8 9 10 11 12
午前　　　　　　　　　　　　　　午後

　時間　　分

/　（　）

イライラしていない
やる気がある　　充実感がある
不安感がない　リラックスしている

今日のよかったこと

今日、心に残った出来事

昨晩の睡眠時間　　睡眠の質

時間　　分

0 1 2 3 4 5 6 7 8 9 10 11 12 1 2 3 4 5 6 7 8 9 10 11 12
午前　　　　　　　　　　　午後

/　（　）

イライラしていない
やる気がある　充実感がある
不安感がない　リラックスしている

今日のよかったこと

今日、心に残った出来事

昨晩の睡眠時間　睡眠の質
時間　分
0 1 2 3 4 5 6 7 8 9 10 11 12 1 2 3 4 5 6 7 8 9 10 11 12
午前　午後

/　　（　）

イライラしていない
やる気がある　充実感がある
不安感がない　リラックスしている

今日のよかったこと

今日、心に残った出来事

昨晩の睡眠時間　睡眠の質
　　時間　　分

0 1 2 3 4 5 6 7 8 9 10 11 12 1 2 3 4 5 6 7 8 9 10 11 12
午前　　　　　　　　　　　　午後

／　　（　）

イライラしていない
やる気がある　充実感がある
不安感がない　リラックスしている

今日のよかったこと

今日、心に残った出来事

昨晩の睡眠時間　睡眠の質

| 時間 | 分 |

0 1 2 3 4 5 6 7 8 9 10 11 12 1 2 3 4 5 6 7 8 9 10 11 12
午前　　　　　　　　　　　　　午後

/ (　)

イライラしていない
やる気がある　充実感がある
不安感がない　リラックスしている

今日のよかったこと

今日、心に残った出来事

昨晩の睡眠時間　睡眠の質

時間　分

0 1 2 3 4 5 6 7 8 9 10 11 12 1 2 3 4 5 6 7 8 9 10 11 12
午前　　　　　　　　　　　　　　午後

/　（　）

イライラしていない
やる気がある　充実感がある
不安感がない　リラックスしている

今日のよかったこと

今日、心に残った出来事

昨晩の睡眠時間　睡眠の質

時間　分

0 1 2 3 4 5 6 7 8 9 10 11 12 1 2 3 4 5 6 7 8 9 10 11 12
午前　　　　　　　　　　　　　午後

/ ( )

今日のよかったこと

今日、心に残った出来事

昨晩の睡眠時間 睡眠の質

時間　　分

午前　　　　　　　　　　午後

/　（　）

イライラしていない
やる気がある　充実感がある
不安感がない　リラックスしている

今日のよかったこと

今日、心に残った出来事

昨晩の睡眠時間　　睡眠の質

時間　　分

0 1 2 3 4 5 6 7 8 9 10 11 12 1 2 3 4 5 6 7 8 9 10 11 12
午前　　　　　　　　　　　　　午後

/ ( )

- イライラしていない
- やる気がある
- 充実感がある
- 不安感がない
- リラックスしている

今日のよかったこと

今日、心に残った出来事

昨晩の睡眠時間　　睡眠の質

時間　分

0 1 2 3 4 5 6 7 8 9 10 11 12 1 2 3 4 5 6 7 8 9 10 11 12
午前　　　　　　　　　　　　　　午後

/　（　）

イライラしていない
やる気がある　充実感がある
不安感がない　リラックスしている

今日のよかったこと

今日、心に残った出来事

昨晩の睡眠時間　睡眠の質
時間　分
0 1 2 3 4 5 6 7 8 9 10 11 12 1 2 3 4 5 6 7 8 9 10 11 12
午前　午後

/ （　）

イライラしていない
やる気がある　充実感がある
不安感がない　リラックスしている

今日のよかったこと

今日、心に残った出来事

昨晩の睡眠時間　　睡眠の質
　時間　　分

0 1 2 3 4 5 6 7 8 9 10 11 12 1 2 3 4 5 6 7 8 9 10 11 12
午前　　　　　　　　　　　午後

/　　（　）

イライラしていない
やる気がある　　充実感がある
不安感がない　　リラックスしている

今日のよかったこと

今日、心に残った出来事

昨晩の睡眠時間　睡眠の質
0 1 2 3 4 5 6 7 8 9 10 11 12 1 2 3 4 5 6 7 8 9 10 11 12
午前　　　　　　　　　　　午後

時間　　分

/　（　）

イライラしていない
やる気がある　充実感がある
不安感がない　リラックスしている

今日のよかったこと

今日、心に残った出来事

昨晩の睡眠時間　　睡眠の質
　　時間　　分
0 1 2 3 4 5 6 7 8 9 10 11 12 1 2 3 4 5 6 7 8 9 10 11 12
午前　　　　　　　　　　　午後

／　　　（　　）

イライラしていない
やる気がある　　充実感がある
不安感がない　　リラックスしている

今日のよかったこと

今日、心に残った出来事

昨晩の睡眠時間　　睡眠の質
　　時間　　分
0 1 2 3 4 5 6 7 8 9 10 11 12 1 2 3 4 5 6 7 8 9 10 11 12
午前　　　　　　　　　　　午後

/   (   )

今日のよかったこと

今日、心に残った出来事

昨晩の睡眠時間　　睡眠の質

時間　　分

0 1 2 3 4 5 6 7 8 9 10 11 12 1 2 3 4 5 6 7 8 9 10 11 12
午前　　　　　　　　　　　　　午後

イライラしていない
やる気がある　　充実感がある
不安感がない　　リラックスしている

/ ( )

イライラしていない
やる気がある　充実感がある
不安感がない　リラックスしている

今日のよかったこと

今日、心に残った出来事

昨晩の睡眠時間　　睡眠の質
時間　　分
0 1 2 3 4 5 6 7 8 9 10 11 12 1 2 3 4 5 6 7 8 9 10 11 12
午前　　　　　　　　　　　　午後

/　（　）

イライラしていない
やる気がある　充実感がある
不安感がない　リラックスしている

今日のよかったこと

今日、心に残った出来事

昨晩の睡眠時間	睡眠の質
時間　分	0 1 2 3 4 5 6 7 8 9 10 11 12 1 2 3 4 5 6 7 8 9 10 11 12 午前　　　　　　　　　　　　午後

/ （　）

- イライラしていない
- 充実感がある
- リラックスしている
- 不安感がない
- やる気がある

今日のよかったこと

今日、心に残った出来事

昨晩の睡眠時間　　時間　　分

睡眠の質
0 1 2 3 4 5 6 7 8 9 10 11 12 1 2 3 4 5 6 7 8 9 10 11 12
午前　　　　　　　　　　　　午後

/ ( )

イライラしていない
やる気がある　充実感がある
不安感がない　リラックスしている

今日のよかったこと

今日、心に残った出来事

昨晩の睡眠時間　睡眠の質
0 1 2 3 4 5 6 7 8 9 10 11 12 1 2 3 4 5 6 7 8 9 10 11 12
午前　午後

時間　分

／　　（　　）

今日のよかったこと

今日、心に残った出来事

昨晩の睡眠時間　　睡眠の質

時間　　分

0	1	2	3	4	5	6	7	8	9	10	11	12	1	2	3	4	5	6	7	8	9	10	11	12

午前　　　　　　　　　　　　午後

/　（　）

|イライラしていない|
|やる気がある　充実感がある|
|不安感がない　リラックスしている|

今日のよかったこと

今日、心に残った出来事

昨晩の睡眠時間　　睡眠の質

時間　　分

0 1 2 3 4 5 6 7 8 9 10 11 12 1 2 3 4 5 6 7 8 9 10 11 12

午前　　　　　　　　　　午後

/　（　）

イライラしていない
やる気がある　充実感がある
不安感がない　リラックスしている

今日のよかったこと

今日、心に残った出来事

昨晩の睡眠時間　睡眠の質

時間　　分

0 1 2 3 4 5 6 7 8 9 10 11 12 1 2 3 4 5 6 7 8 9 10 11 12
午前　　　　　　　　　　　　　　午後

/　　（　）

イライラしていない
やる気がある　　充実感がある
不安感がない　リラックスしている

今日のよかったこと

今日、心に残った出来事

昨晩の睡眠時間	睡眠の質
時間　　分	0 1 2 3 4 5 6 7 8 9 10 11 12 1 2 3 4 5 6 7 8 9 10 11 12 午前　　　　　　　　　　　　午後

/　（　）

イライラしていない
やる気がある　充実感がある
不安感がない　リラックスしている

今日のよかったこと

今日、心に残った出来事

昨晩の睡眠時間　睡眠の質
時間　分
0 1 2 3 4 5 6 7 8 9 10 11 12 1 2 3 4 5 6 7 8 9 10 11 12
午前　午後

/   (   )

イライラしていない
やる気がある　　充実感がある
不安感がない　　リラックスしている

今日のよかったこと

今日、心に残った出来事

昨晩の睡眠時間	睡眠の質
時間　分	0 1 2 3 4 5 6 7 8 9 10 11 12 1 2 3 4 5 6 7 8 9 10 11 12 午前　　　　　　　　　　　　午後

/   (   )

イライラしていない
やる気がある   充実感がある
不安感がない   リラックスしている

今日のよかったこと

今日、心に残った出来事

昨晩の睡眠時間　　睡眠の質
時間　　分
0 1 2 3 4 5 6 7 8 9 10 11 12 1 2 3 4 5 6 7 8 9 10 11 12
午前　　　　　　　　　　　午後

/　　（　　）

イライラしていない
やる気がある　　充実感がある
不安感がない　　リラックスしている

今日のよかったこと

今日、心に残った出来事

昨晩の睡眠時間	睡眠の質
時間　　分	0 1 2 3 4 5 6 7 8 9 10 11 12 1 2 3 4 5 6 7 8 9 10 11 12 午前　　　　　　　　　　　　午後

／   （ ）

イライラしていない
やる気がある　充実感がある
不安感がない　リラックスしている

今日のよかったこと

今日、心に残った出来事

昨晩の睡眠時間	睡眠の質
時間　　分	0 1 2 3 4 5 6 7 8 9 10 11 12 1 2 3 4 5 6 7 8 9 10 11 12 午前　　　　　　　　　　　　　午後

/ (　)

イライラしていない
やる気がある　　充実感がある
不安感がない　リラックスしている

今日のよかったこと

今日、心に残った出来事

昨晩の睡眠時間　睡眠の質

時間　分

0 1 2 3 4 5 6 7 8 9 10 11 12 1 2 3 4 5 6 7 8 9 10 11 12
午前　　　　　　　　　　　　午後

/　（　）

イライラしていない
やる気がある　　充実感がある
不安感がない　リラックスしている

今日のよかったこと

今日、心に残った出来事

昨晩の睡眠時間　　睡眠の質

時間　　分

0 1 2 3 4 5 6 7 8 9 10 11 12 1 2 3 4 5 6 7 8 9 10 11 12
午前　　　　　　　　　　　　午後

/ ( )

イライラしていない
やる気がある　充実感がある
不安感がない　リラックスしている

今日のよかったこと

今日、心に残った出来事

昨晩の睡眠時間　　睡眠の質

時間　　分

0　1　2　3　4　5　6　7　8　9　10　11　12　1　2　3　4　5　6　7　8　9　10　11　12

午前　　　　　　　　　　　　午後

/　（　）

イライラしていない
やる気がある　充実感がある
不安感がない　リラックスしている

今日のよかったこと

今日、心に残った出来事

昨晩の睡眠時間　　睡眠の質

時間　　分

0 1 2 3 4 5 6 7 8 9 10 11 12 1 2 3 4 5 6 7 8 9 10 11 12
午前　　　　　　　　　　　　　　午後

         /   (   )

イライラしていない
やる気がある　充実感がある
不安感がない　リラックスしている

今日のよかったこと

今日、心に残った出来事

昨晩の睡眠時間　　睡眠の質

時間　分

/ ( )

イライラしていない
やる気がある　充実感がある
不安感がない　リラックスしている

今日のよかったこと

今日、心に残った出来事

昨晩の睡眠時間　　睡眠の質

時間　　分

0 1 2 3 4 5 6 7 8 9 10 11 12 1 2 3 4 5 6 7 8 9 10 11 12
午前　　　　　　　　　　午後

/　　（　）

イライラしていない
やる気がある　　充実感がある
不安感がない　　リラックスしている

今日のよかったこと

今日、心に残った出来事

昨晩の睡眠時間　　睡眠の質

時間　　分

0 1 2 3 4 5 6 7 8 9 10 11 12 1 2 3 4 5 6 7 8 9 10 11 12
午前　　　　　　　　　　　　午後

/　(　)

イライラしていない
やる気がある　　充実感がある
不安感がない　リラックスしている

今日のよかったこと

今日、心に残った出来事

昨晩の睡眠時間　睡眠の質
時間　分

0 1 2 3 4 5 6 7 8 9 10 11 12 1 2 3 4 5 6 7 8 9 10 11 12
午前　　　　　　　　　　　　　午後

/   (　)

イライラしていない
やる気がある　　　充実感がある
不安感がない　　リラックスしている

今日のよかったこと

今日、心に残った出来事

昨晩の睡眠時間　　睡眠の質

時間　　分

0 1 2 3 4 5 6 7 8 9 10 11 12 1 2 3 4 5 6 7 8 9 10 11 12

午前　　　　　　　　　午後

/   (   )

イライラしていない
やる気がある　充実感がある
不安感がない　リラックスしている

今日のよかったこと

今日、心に残った出来事

昨晩の睡眠時間　睡眠の質
時間　分
0 1 2 3 4 5 6 7 8 9 10 11 12 1 2 3 4 5 6 7 8 9 10 11 12
午前　午後

/ ( )

イライラしていない
やる気がある　　充実感がある
不安感がない　　リラックスしている

今日のよかったこと

今日、心に残った出来事

昨晩の睡眠時間　　睡眠の質

　時間　　分

0　1　2　3　4　5　6　7　8　9　10　11　12　1　2　3　4　5　6　7　8　9　10　11　12
午前　　　　　　　　　　　　　　　午後

/　（　）

イライラしていない
やる気がある　充実感がある
不安感がない　リラックスしている

今日のよかったこと

今日、心に残った出来事

昨晩の睡眠時間　睡眠の質
　時間　分
0 1 2 3 4 5 6 7 8 9 10 11 12 1 2 3 4 5 6 7 8 9 10 11 12
午前　　　　　　　　　　　午後

/　（　）

イライラしていない
やる気がある　　充実感がある
不安感がない　リラックスしている

今日のよかったこと

今日、心に残った出来事

昨晩の睡眠時間　　睡眠の質

時間　　分

0 1 2 3 4 5 6 7 8 9 10 11 12 1 2 3 4 5 6 7 8 9 10 11 12
午前　　　　　　　　　　　　午後

/ （　）

イライラしていない
やる気がある　充実感がある
不安感がない　リラックスしている

今日のよかったこと

今日、心に残った出来事

昨晩の睡眠時間　　睡眠の質
0 1 2 3 4 5 6 7 8 9 10 11 12　1 2 3 4 5 6 7 8 9 10 11 12
午前　　　　　　　　　　　　午後

時間　　分

/　（　）

イライラしていない
やる気がある　充実感がある
不安感がない　リラックスしている

今日のよかったこと

今日、心に残った出来事

昨晩の睡眠時間　睡眠の質
時間　分
0 1 2 3 4 5 6 7 8 9 10 11 12 1 2 3 4 5 6 7 8 9 10 11 12
午前　　　　　　　　　　　　午後

/　(　)

イライラしていない
やる気がある　充実感がある
不安感がない　リラックスしている

今日のよかったこと

今日、心に残った出来事

昨晩の睡眠時間　睡眠の質

時間　分

午前　午後

／　　　／（　　）

イライラしていない
やる気がある　充実感がある
不安感がない　リラックスしている

今日のよかったこと

今日、心に残った出来事

昨晩の睡眠時間	睡眠の質
時間　　分	0 1 2 3 4 5 6 7 8 9 10 11 12 1 2 3 4 5 6 7 8 9 10 11 12 午前　　　　　　　　　　　　午後

/　（　）

イライラしていない
やる気がある　充実感がある
不安感がない　リラックスしている

今日のよかったこと

今日、心に残った出来事

昨晩の睡眠時間　　睡眠の質
　時間　　分
0 1 2 3 4 5 6 7 8 9 10 11 12 1 2 3 4 5 6 7 8 9 10 11 12
午前　　　　　　　　　　　午後

/　（　）

イライラしていない
やる気がある　充実感がある
不安感がない　リラックスしている

今日のよかったこと

今日、心に残った出来事

昨晩の睡眠時間　　睡眠の質
時間　　分
0 1 2 3 4 5 6 7 8 9 10 11 12 1 2 3 4 5 6 7 8 9 10 11 12
午前　　　　　　　　　午後

/　　（　）

イライラしていない
やる気がある　　充実感がある
不安感がない　リラックスしている

今日のよかったこと

今日、心に残った出来事

昨晩の睡眠時間　　睡眠の質

時間　　分

0 1 2 3 4 5 6 7 8 9 10 11 12 1 2 3 4 5 6 7 8 9 10 11 12
午前　　　　　　　　　　　　午後

/   (　)

イライラしていない
やる気がある　　充実感がある
不安感がない　リラックスしている

今日のよかったこと

今日、心に残った出来事

昨晩の睡眠時間　　睡眠の質

時間　　分

0 1 2 3 4 5 6 7 8 9 10 11 12 1 2 3 4 5 6 7 8 9 10 11 12
午前　　　　　　　　　　　　　　午後

/   (   )

イライラしていない
やる気がある　　充実感がある
不安感がない　　リラックスしている

今日のよかったこと

今日、心に残った出来事

昨晩の睡眠時間　　睡眠の質
時間　　分

0 1 2 3 4 5 6 7 8 9 10 11 12 1 2 3 4 5 6 7 8 9 10 11 12
午前　　　　　　　　　　　　午後

/   (   )

イライラしていない
やる気がある　充実感がある
不安感がない　リラックスしている

今日のよかったこと

今日、心に残った出来事

昨晩の睡眠時間　　睡眠の質
　　　時間　　分
0 1 2 3 4 5 6 7 8 9 10 11 12 1 2 3 4 5 6 7 8 9 10 11 12
午前　　　　　　　　　　午後

/　（　）

イライラしていない
やる気がある　充実感がある
不安感がない　リラックスしている

今日のよかったこと

今日、心に残った出来事

昨晩の睡眠時間　睡眠の質

時間　分

0　1　2　3　4　5　6　7　8　9　10　11　12　1　2　3　4　5　6　7　8　9　10　11　12
午前　　　　　　　　　　　　　　　　午後

/   (   )

イライラしていない
やる気がある　充実感がある
不安感がない　リラックスしている

今日のよかったこと

今日、心に残った出来事

昨晩の睡眠時間　　睡眠の質
　　時間　　分
0 1 2 3 4 5 6 7 8 9 10 11 12 1 2 3 4 5 6 7 8 9 10 11 12
午前　　　　　　　　　　午後

/   ( )

イライラしていない
やる気がある　　充実感がある
不安感がない　　リラックスしている

今日のよかったこと

今日、心に残った出来事

昨晩の睡眠時間　　睡眠の質
　時間　　分
0 1 2 3 4 5 6 7 8 9 10 11 12 1 2 3 4 5 6 7 8 9 10 11 12
午前　　　　　　　　　　　午後

/   (　)

イライラしていない
やる気がある　　充実感がある
不安感がない　リラックスしている

今日のよかったこと

今日、心に残った出来事

昨晩の睡眠時間　睡眠の質
時間　分
0 1 2 3 4 5 6 7 8 9 10 11 12 1 2 3 4 5 6 7 8 9 10 11 12
午前　　　　　　　　　　　午後

/　（　）

イライラしていない
やる気がある　充実感がある
不安感がない　リラックスしている

今日のよかったこと

今日、心に残った出来事

昨晩の睡眠時間　睡眠の質
時間　分
0 1 2 3 4 5 6 7 8 9 10 11 12 1 2 3 4 5 6 7 8 9 10 11 12
午前　午後

/　（　）

イライラしていない
やる気がある　充実感がある
不安感がない　リラックスしている

今日のよかったこと

今日、心に残った出来事

昨晩の睡眠時間　睡眠の質

時間　　分

0 1 2 3 4 5 6 7 8 9 10 11 12 1 2 3 4 5 6 7 8 9 10 11 12
午前　　　　　　　　　　　　　　　午後

／   （   ）

イライラしていない
やる気がある　充実感がある
不安感がない　リラックスしている

今日のよかったこと

今日、心に残った出来事

昨晩の睡眠時間　　睡眠の質

時間　　分

0 1 2 3 4 5 6 7 8 9 10 11 12 1 2 3 4 5 6 7 8 9 10 11 12
午前　　　　　　　　　　　　　　午後

/　（　）

イライラしていない
やる気がある　充実感がある
不安感がない　リラックスしている

今日のよかったこと

今日、心に残った出来事

昨晩の睡眠時間　睡眠の質
時間　分
0 1 2 3 4 5 6 7 8 9 10 11 12 1 2 3 4 5 6 7 8 9 10 11 12
午前　　　　　　　　　　　　午後

/ (　)

今日のよかったこと

今日、心に残った出来事

昨晩の睡眠時間　　睡眠の質

時間　　分

/   ( )

イライラしていない
やる気がある　　充実感がある
不安感がない　リラックスしている

今日のよかったこと

今日、心に残った出来事

昨晩の睡眠時間　睡眠の質

時間　　分

0 1 2 3 4 5 6 7 8 9 10 11 12 1 2 3 4 5 6 7 8 9 10 11 12

午前　　　　　　　　　　　　午後

/ (　)

イライラしていない
やる気がある　充実感がある
不安感がない　リラックスしている

今日のよかったこと

今日、心に残った出来事

昨晩の睡眠時間　睡眠の質

時間　分

0 1 2 3 4 5 6 7 8 9 10 11 12 1 2 3 4 5 6 7 8 9 10 11 12
午前　　　　　　　　　　　　　午後

／　（　）

イライラしていない
やる気がある　充実感がある
不安感がない　リラックスしている

今日のよかったこと

今日、心に残った出来事

昨晩の睡眠時間　　睡眠の質

時間　　分

0 1 2 3 4 5 6 7 8 9 10 11 12 1 2 3 4 5 6 7 8 9 10 11 12
午前　　　　　　　　　　　　午後

/　(　)

イライラしていない
やる気がある　充実感がある
不安感がない　リラックスしている

今日のよかったこと

今日、心に残った出来事

昨晩の睡眠時間　睡眠の質
0 1 2 3 4 5 6 7 8 9 10 11 12 1 2 3 4 5 6 7 8 9 10 11 12
時間　分
午前　　　　　　　　　　　午後

/   (   )

イライラしていない
やる気がある　　充実感がある
不安感がない　リラックスしている

今日のよかったこと

今日、心に残った出来事

昨晩の睡眠時間　　睡眠の質
　時間　　分

0　1　2　3　4　5　6　7　8　9　10　11　12　1　2　3　4　5　6　7　8　9　10　11　12
午前　　　　　　　　　　　　　　　午後

/ ( )

イライラしていない
やる気がある　　充実感がある
不安感がない　　リラックスしている

今日のよかったこと

今日、心に残った出来事

昨晩の睡眠時間　睡眠の質

時間　　分

| 0 | 1 | 2 | 3 | 4 | 5 | 6 | 7 | 8 | 9 | 10 | 11 | 12 | 1 | 2 | 3 | 4 | 5 | 6 | 7 | 8 | 9 | 10 | 11 | 12 |

午前　　　　　　　　　　　　　午後

/　（　）

イライラしていない
やる気がある　充実感がある
不安感がない　リラックスしている

今日のよかったこと

今日、心に残った出来事

昨晩の睡眠時間　睡眠の質

時間　分

0 1 2 3 4 5 6 7 8 9 10 11 12 1 2 3 4 5 6 7 8 9 10 11 12
午前　　　　　　　　　　　　午後

/   (　)

イライラしていない
やる気がある　充実感がある
不安感がない　リラックスしている

今日のよかったこと

今日、心に残った出来事

昨晩の睡眠時間　睡眠の質

時間　分

0 1 2 3 4 5 6 7 8 9 10 11 12 1 2 3 4 5 6 7 8 9 10 11 12
午前　　　　　　　　　　　　　　午後

/　（　）

イライラしていない
やる気がある　充実感がある
不安感がない　リラックスしている

今日のよかったこと

今日、心に残った出来事

昨晩の睡眠時間　睡眠の質

時間　　分

0 1 2 3 4 5 6 7 8 9 10 11 12 1 2 3 4 5 6 7 8 9 10 11 12

午前　　　　　　　　　　　午後

/　　　（　）

　　　　　　　　　　　　　　　　　　　　　イライラしていない
　　　　　　　　　　　　　　　　　やる気　　　　　　充実感
　　　　　　　　　　　　　　　　　がある　　　　　　がある

　　　　　　　　　　　　　　　　　　不安感がない　リラックスしている

今日のよかったこと

今日、心に残った出来事

昨晩の睡眠時間　　**睡眠の質**
　　　0　1　2　3　4　5　6　7　8　9　10　11　12　1　2　3　4　5　6　7　8　9　10　11　12
　時間　　分
　　　　　　　午前　　　　　　　　　　　　　　　　午後

／　　（　）

イライラしていない
やる気がある　充実感がある
不安感がない　リラックスしている

今日のよかったこと

今日、心に残った出来事

昨晩の睡眠時間　　睡眠の質

時間　　分

0 1 2 3 4 5 6 7 8 9 10 11 12 1 2 3 4 5 6 7 8 9 10 11 12
午前　　　　　　　　　　　　午後

/   (　)

イライラしていない
やる気がある　充実感がある
不安感がない　リラックスしている

今日のよかったこと

今日、心に残った出来事

昨晩の睡眠時間　睡眠の質
0 1 2 3 4 5 6 7 8 9 10 11 12 1 2 3 4 5 6 7 8 9 10 11 12
時間　分
午前　　　　　　　　　　午後

/ (　)

イライラしていない
やる気がある　充実感がある
不安感がない　リラックスしている

今日のよかったこと

今日、心に残った出来事

昨晩の睡眠時間　　睡眠の質

　時間　　分

0 1 2 3 4 5 6 7 8 9 10 11 12 1 2 3 4 5 6 7 8 9 10 11 12
午前　　　　　　　　　　　　午後

/　（　）

イライラしていない
やる気がある　充実感がある
不安感がない　リラックスしている

今日のよかったこと

今日、心に残った出来事

昨晩の睡眠時間　　睡眠の質
0 1 2 3 4 5 6 7 8 9 10 11 12 1 2 3 4 5 6 7 8 9 10 11 12
　時間　　分
午前　　　　　　　　　　　午後

       /   (   )

- イライラしていない
- やる気がある
- 充実感がある
- 不安感がない
- リラックスしている

今日のよかったこと

今日、心に残った出来事

昨晩の睡眠時間　　睡眠の質
　　時間　　分

0 1 2 3 4 5 6 7 8 9 10 11 12 1 2 3 4 5 6 7 8 9 10 11 12
午前　　　　　　　　　　　　午後

/　　（　）

イライラしていない
やる気がある　充実感がある
不安感がない　リラックスしている

今日のよかったこと

今日、心に残った出来事

昨晩の睡眠時間　睡眠の質
時間　分
0 1 2 3 4 5 6 7 8 9 10 11 12 1 2 3 4 5 6 7 8 9 10 11 12
午前　　　　　　　　　　　午後

/   (　)

イライラしていない
やる気がある　　充実感がある
不安感がない　リラックスしている

今日のよかったこと

今日、心に残った出来事

昨晩の睡眠時間　　睡眠の質
時間　分

0 1 2 3 4 5 6 7 8 9 10 11 12 1 2 3 4 5 6 7 8 9 10 11 12
午前　　　　　　　　　　午後

/　（　）

イライラしていない
やる気がある　充実感がある
不安感がない　リラックスしている

今日のよかったこと

今日、心に残った出来事

昨晩の睡眠時間　睡眠の質

時間　分

0　1　2　3　4　5　6　7　8　9　10　11　12　1　2　3　4　5　6　7　8　9　10　11　12
午前　　　　　　　　　　　　　　　　午後

/   (   )

イライラしていない
やる気がある　　充実感がある
不安感がない　　リラックスしている

今日のよかったこと

今日、心に残った出来事

昨晩の睡眠時間　　睡眠の質

時間　　分

0 1 2 3 4 5 6 7 8 9 10 11 12 1 2 3 4 5 6 7 8 9 10 11 12

午前　　　　　　　　　　午後

/ （ ）

- イライラしていない
- やる気がある
- 充実感がある
- 不安感がない
- リラックスしている

今日のよかったこと

今日、心に残った出来事

昨晩の睡眠時間　　睡眠の質

時間　　分

0 1 2 3 4 5 6 7 8 9 10 11 12 1 2 3 4 5 6 7 8 9 10 11 12
午前　　　　　　　　　　　　　　午後

/ ( )

イライラしていない
やる気がある　　充実感がある
不安感がない　　リラックスしている

今日のよかったこと

今日、心に残った出来事

昨晩の睡眠時間	睡眠の質
時間　　分	0 1 2 3 4 5 6 7 8 9 10 11 12 1 2 3 4 5 6 7 8 9 10 11 12 午前　　　　　　　　　　　午後

/ ( )

イライラしていない
やる気がある　充実感がある
不安感がない　リラックスしている

今日のよかったこと

今日、心に残った出来事

昨晩の睡眠時間　睡眠の質

時間　分

午前　午後

/　（　）

イライラしていない
やる気がある
充実感がある
不安感がない
リラックスしている

今日のよかったこと

今日、心に残った出来事

昨晩の睡眠時間　　時間　　分

睡眠の質
0　1　2　3　4　5　6　7　8　9　10　11　12　1　2　3　4　5　6　7　8　9　10　11　12
午前　　　　　　　　　　　　　　午後

/　（　）

イライラしていない
やる気がある　充実感がある
不安感がない　リラックスしている

今日のよかったこと

今日、心に残った出来事

昨晩の睡眠時間　睡眠の質
0 1 2 3 4 5 6 7 8 9 10 11 12 1 2 3 4 5 6 7 8 9 10 11 12
午前　　　　　　　　　　　午後

時間　　分

/ （　）

イライラしていない
やる気がある　充実感がある
不安感がない　リラックスしている

今日のよかったこと

今日、心に残った出来事

昨晩の睡眠時間	睡眠の質
時間　　分	0 1 2 3 4 5 6 7 8 9 10 11 12 1 2 3 4 5 6 7 8 9 10 11 12 午前　　　　　　　　　　　　　　午後

/　（　）

イライラしていない
やる気がある　充実感がある
不安感がない　リラックスしている

今日のよかったこと

今日、心に残った出来事

昨晩の睡眠時間　睡眠の質

時間　分

0 1 2 3 4 5 6 7 8 9 10 11 12 1 2 3 4 5 6 7 8 9 10 11 12
午前　午後

/   (   )

イライラしていない
やる気がある　充実感がある
不安感がない　リラックスしている

今日のよかったこと

今日、心に残った出来事

昨晩の睡眠時間　　睡眠の質
時間　　分
0 1 2 3 4 5 6 7 8 9 10 11 12 1 2 3 4 5 6 7 8 9 10 11 12
午前　　　　　　　　　　午後

/   (   )

イライラしていない
やる気がある　充実感がある
不安感がない　リラックスしている

今日のよかったこと

今日、心に残った出来事

昨晩の睡眠時間　睡眠の質

時間　分

0 1 2 3 4 5 6 7 8 9 10 11 12 1 2 3 4 5 6 7 8 9 10 11 12
午前　　　　　　　　　　　　　午後

/   (   )

イライラしていない
やる気がある　　充実感がある
不安感がない　リラックスしている

今日のよかったこと

今日、心に残った出来事

昨晩の睡眠時間　　睡眠の質

時間　　分

0 1 2 3 4 5 6 7 8 9 10 11 12 1 2 3 4 5 6 7 8 9 10 11 12
午前　　　　　　　　　　　　午後

/   (　)

イライラしていない
やる気がある　　充実感がある
不安感がない　リラックスしている

今日のよかったこと

今日、心に残った出来事

昨晩の睡眠時間　　睡眠の質

0	1	2	3	4	5	6	7	8	9	10	11	12	1	2	3	4	5	6	7	8	9	10	11	12

時間　　分

午前　　　　　　　　　　午後

/ （ ）

イライラしていない
やる気がある　充実感がある
不安感がない　リラックスしている

今日のよかったこと

今日、心に残った出来事

昨晩の睡眠時間　睡眠の質
0 1 2 3 4 5 6 7 8 9 10 11 12 1 2 3 4 5 6 7 8 9 10 11 12
　時間　　分
午前　　　　　　　　　　　　午後

/　　（　）

イライラしていない
やる気がある　充実感がある
不安感がない　リラックスしている

今日のよかったこと

今日、心に残った出来事

昨晩の睡眠時間　睡眠の質

時間　分

0 1 2 3 4 5 6 7 8 9 10 11 12 1 2 3 4 5 6 7 8 9 10 11 12
午前　　　　　　　　　　　　　午後

/   (   )

イライラしていない
やる気がある　　充実感がある
不安感がない　リラックスしている

今日のよかったこと

今日、心に残った出来事

昨晩の睡眠時間　　睡眠の質

　　時間　　分

0 1 2 3 4 5 6 7 8 9 10 11 12 1 2 3 4 5 6 7 8 9 10 11 12
午前　　　　　　　　　　午後

/　（　）

イライラしていない
やる気がある　充実感がある
不安感がない　リラックスしている

今日のよかったこと

今日、心に残った出来事

昨晩の睡眠時間　　睡眠の質

時間　　分

0 1 2 3 4 5 6 7 8 9 10 11 12 1 2 3 4 5 6 7 8 9 10 11 12
午前　　　　　　　　　　　　　　午後

/　（　）

イライラしていない
やる気がある　充実感がある
不安感がない　リラックスしている

今日のよかったこと

今日、心に残った出来事

昨晩の睡眠時間	睡眠の質
時間　分	0 1 2 3 4 5 6 7 8 9 10 11 12 1 2 3 4 5 6 7 8 9 10 11 12 午前　　　　　　　　　　　　午後

/　　（　）

イライラしていない
やる気がある　充実感がある
不安感がない　リラックスしている

今日のよかったこと

今日、心に残った出来事

昨晩の睡眠時間　睡眠の質
時間　分
0 1 2 3 4 5 6 7 8 9 10 11 12 1 2 3 4 5 6 7 8 9 10 11 12
午前　　　　　　　　　　　午後

/ ( )

イライラしていない
やる気がある　充実感がある
不安感がない　リラックスしている

今日のよかったこと

今日、心に残った出来事

昨晩の睡眠時間　睡眠の質

時間　分

0 1 2 3 4 5 6 7 8 9 10 11 12 1 2 3 4 5 6 7 8 9 10 11 12
午前　　　　　　　　　　　　午後

/　(　)

イライラしていない
やる気がある　　充実感がある
不安感がない　リラックスしている

今日のよかったこと

今日、心に残った出来事

昨晩の睡眠時間　睡眠の質
時間　分

0 1 2 3 4 5 6 7 8 9 10 11 12 1 2 3 4 5 6 7 8 9 10 11 12
午前　　　　　　　　　　　　午後

/　（　）

　　　　　　　　　　　　　　　　　　　　　　　　イライラしていない
　　　　　　　　　　　　　　　　　　　　やる気　　　　　　　　充実感
　　　　　　　　　　　　　　　　　　　　がある　　　　　　　　がある

　　　　　　　　　　　　　　　　　　　　　不安感がない　　リラックスしている

今日のよかったこと

今日、心に残った出来事

昨晩の睡眠時間　　睡眠の質

時間　　分	0	1	2	3	4	5	6	7	8	9	10	11	12	1	2	3	4	5	6	7	8	9	10	11	12

　　　　　　　　　午前　　　　　　　　　　　　　　午後

/ (　)

イライラしていない
やる気がある　充実感がある
不安感がない　リラックスしている

今日のよかったこと

今日、心に残った出来事

昨晩の睡眠時間　睡眠の質
　時間　　分
0 1 2 3 4 5 6 7 8 9 10 11 12 1 2 3 4 5 6 7 8 9 10 11 12
午前　　　　　　　　　　　　午後

/   (   )

イライラしていない
やる気がある　　充実感がある
不安感がない　リラックスしている

今日のよかったこと

今日、心に残った出来事

昨晩の睡眠時間　　睡眠の質

時間　　分

0　1　2　3　4　5　6　7　8　9　10　11　12　1　2　3　4　5　6　7　8　9　10　11　12
午前　　　　　　　　　　　　　午後

/　（　）

イライラしていない
やる気がある　充実感がある
不安感がない　リラックスしている

今日のよかったこと

今日、心に残った出来事

昨晩の睡眠時間　睡眠の質
　　時間　　分
0 1 2 3 4 5 6 7 8 9 10 11 12 1 2 3 4 5 6 7 8 9 10 11 12
午前　　　　　　　　　　　　午後

/　（　）

イライラしていない
やる気がある　充実感がある
不安感がない　リラックスしている

今日のよかったこと

今日、心に残った出来事

昨晩の睡眠時間	睡眠の質
時間　　分	0 1 2 3 4 5 6 7 8 9 10 11 12 1 2 3 4 5 6 7 8 9 10 11 12 午前　　　　　　　　　　　　　午後

/　（　）

イライラしていない
やる気がある　　充実感がある
不安感がない　リラックスしている

今日のよかったこと

今日、心に残った出来事

昨晩の睡眠時間　睡眠の質
時間　分
0 1 2 3 4 5 6 7 8 9 10 11 12 1 2 3 4 5 6 7 8 9 10 11 12
午前　　　　　　　　　　　午後

/ ( )

イライラしていない
やる気がある　充実感がある
不安感がない　リラックスしている

今日のよかったこと

今日、心に残った出来事

昨晩の睡眠時間　　睡眠の質
時間　分
0 1 2 3 4 5 6 7 8 9 10 11 12 1 2 3 4 5 6 7 8 9 10 11 12
午前　　　　　　　　　　午後

/　　（　）

イライラしていない
やる気がある　　充実感がある
不安感がない　リラックスしている

今日のよかったこと

今日、心に残った出来事

昨晩の睡眠時間　睡眠の質
　時間　　分
0 1 2 3 4 5 6 7 8 9 10 11 12 1 2 3 4 5 6 7 8 9 10 11 12
午前　　　　　　　　　　　　午後

/   (   )

イライラしていない
やる気がある　充実感がある
不安感がない　リラックスしている

今日のよかったこと

今日、心に残った出来事

昨晩の睡眠時間　　睡眠の質

時間　　分

0 1 2 3 4 5 6 7 8 9 10 11 12 1 2 3 4 5 6 7 8 9 10 11 12
午前　　　　　　　　　　　　午後

/　（　）

イライラしていない
やる気がある　　充実感がある
不安感がない　リラックスしている

今日のよかったこと

今日、心に残った出来事

昨晩の睡眠時間　睡眠の質
0 1 2 3 4 5 6 7 8 9 10 11 12 1 2 3 4 5 6 7 8 9 10 11 12
午前　　　　　　　　　　　午後

時間　　分

/   (   )

イライラしていない
やる気がある　　充実感がある
不安感がない　　リラックスしている

今日のよかったこと

今日、心に残った出来事

昨晩の睡眠時間　　睡眠の質

時間　　分

0 1 2 3 4 5 6 7 8 9 10 11 12 1 2 3 4 5 6 7 8 9 10 11 12
午前　　　　　　　　　　　午後

/ （ ）

イライラしていない
やる気がある　充実感がある
不安感がない　リラックスしている

今日のよかったこと

今日、心に残った出来事

昨晩の睡眠時間　睡眠の質
0 1 2 3 4 5 6 7 8 9 10 11 12 1 2 3 4 5 6 7 8 9 10 11 12
時間　分
午前　　　　　　　　　　午後

/   ( )

| イライラしていない |
| やる気がある ／ 充実感がある |
| 不安感がない ＼ リラックスしている |

今日のよかったこと

今日、心に残った出来事

昨晩の睡眠時間　　睡眠の質

　時間　　分

0 1 2 3 4 5 6 7 8 9 10 11 12 1 2 3 4 5 6 7 8 9 10 11 12

午前　　　　　　　　　　　　午後

/　（　）

イライラしていない
やる気がある　　充実感がある
不安感がない　リラックスしている

今日のよかったこと

今日、心に残った出来事

昨晩の睡眠時間　睡眠の質
0 1 2 3 4 5 6 7 8 9 10 11 12 1 2 3 4 5 6 7 8 9 10 11 12
午前　　　　　　　　　　　　午後

時間　　分

/　　（　）

イライラしていない
やる気がある　充実感がある
不安感がない　リラックスしている

今日のよかったこと

今日、心に残った出来事

昨晩の睡眠時間　　睡眠の質

時間　　分

0　1　2　3　4　5　6　7　8　9　10　11　12　1　2　3　4　5　6　7　8　9　10　11　12
午前　　　　　　　　　　　　　　　午後

/   (   )

イライラしていない
やる気がある　充実感がある
不安感がない　リラックスしている

今日のよかったこと

今日、心に残った出来事

昨晩の睡眠時間　　睡眠の質
時間　　分
0 1 2 3 4 5 6 7 8 9 10 11 12 1 2 3 4 5 6 7 8 9 10 11 12
午前　　　　　　　　　　　午後

/　（　）

イライラしていない
やる気がある　充実感がある
不安感がない　リラックスしている

今日のよかったこと

今日、心に残った出来事

昨晩の睡眠時間　睡眠の質

時間　分

0 1 2 3 4 5 6 7 8 9 10 11 12 1 2 3 4 5 6 7 8 9 10 11 12
午前　　　　　　　　　　　　　午後

/　（　）

イライラしていない
やる気がある　充実感がある
不安感がない　リラックスしている

今日のよかったこと

今日、心に残った出来事

昨晩の睡眠時間　睡眠の質
0 1 2 3 4 5 6 7 8 9 10 11 12 1 2 3 4 5 6 7 8 9 10 11 12
時間　分
午前　　　　　　　　　　午後

/　（　）

イライラしていない
やる気がある　充実感がある
不安感がない　リラックスしている

今日のよかったこと

今日、心に残った出来事

昨晩の睡眠時間　睡眠の質
時間　分

0 1 2 3 4 5 6 7 8 9 10 11 12 1 2 3 4 5 6 7 8 9 10 11 12
午前　　　　　　　　　　　　　午後

/　（　）

イライラしていない
やる気がある　充実感がある
不安感がない　リラックスしている

今日のよかったこと

今日、心に残った出来事

昨晩の睡眠時間　　睡眠の質
時間　　分
0 1 2 3 4 5 6 7 8 9 10 11 12 1 2 3 4 5 6 7 8 9 10 11 12
午前　　　　　　　　　　　　午後

/   (   )

イライラしていない
やる気がある　　充実感がある
不安感がない　リラックスしている

今日のよかったこと

今日、心に残った出来事

昨晩の睡眠時間　　睡眠の質

時間　　分

0 1 2 3 4 5 6 7 8 9 10 11 12 1 2 3 4 5 6 7 8 9 10 11 12
午前　　　　　　　　　　　　午後

/ ( )

イライラしていない
やる気がある　　充実感がある
不安感がない　　リラックスしている

今日のよかったこと

今日、心に残った出来事

昨晩の睡眠時間	睡眠の質

時間　　分

0 1 2 3 4 5 6 7 8 9 10 11 12 1 2 3 4 5 6 7 8 9 10 11 12
午前　　　　　　　　　　　　　　午後

/   (   )

イライラしていない
やる気がある　　充実感がある
不安感がない　　リラックスしている

今日のよかったこと

今日、心に残った出来事

昨晩の睡眠時間	睡眠の質
時間　　分	0 1 2 3 4 5 6 7 8 9 10 11 12 1 2 3 4 5 6 7 8 9 10 11 12 午前　　　　　　　　　　　午後

/   (   )

イライラしていない
やる気がある　　充実感がある
不安感がない　リラックスしている

今日のよかったこと

今日、心に残った出来事

昨晩の睡眠時間　睡眠の質
時間　分

0 1 2 3 4 5 6 7 8 9 10 11 12 1 2 3 4 5 6 7 8 9 10 11 12
午前　　　　　　　　　　　　　午後

/ ( )

イライラしていない
やる気がある　充実感がある
不安感がない　リラックスしている

今日のよかったこと

今日、心に残った出来事

昨晩の睡眠時間　睡眠の質
時間　分
0 1 2 3 4 5 6 7 8 9 10 11 12 1 2 3 4 5 6 7 8 9 10 11 12
午前　午後

/　　（　）

イライラしていない
やる気がある　充実感がある
不安感がない　リラックスしている

今日のよかったこと

今日、心に残った出来事

昨晩の睡眠時間　睡眠の質

時間　分

0 1 2 3 4 5 6 7 8 9 10 11 12 1 2 3 4 5 6 7 8 9 10 11 12
午前　　　　　　　　　　　午後

／　（　）

イライラしていない
やる気がある　充実感がある
不安感がない　リラックスしている

今日のよかったこと

今日、心に残った出来事

昨晩の睡眠時間　　睡眠の質
　　時間　　分
0 1 2 3 4 5 6 7 8 9 10 11 12 1 2 3 4 5 6 7 8 9 10 11 12
午前　　　　　　　　　　　午後

/ (　)

イライラしていない
やる気がある　充実感がある
不安感がない　リラックスしている

今日のよかったこと

今日、心に残った出来事

昨晩の睡眠時間　　睡眠の質
時間　　分
0 1 2 3 4 5 6 7 8 9 10 11 12 1 2 3 4 5 6 7 8 9 10 11 12
午前　　　　　　　　　　　午後

/   ( )

イライラしていない
やる気がある　　充実感がある
不安感がない　　リラックスしている

今日のよかったこと

今日、心に残った出来事

昨晩の睡眠時間　　睡眠の質
　時間　　分
0 1 2 3 4 5 6 7 8 9 10 11 12 1 2 3 4 5 6 7 8 9 10 11 12
午前　　　　　　　　　　午後

/   (   )

イライラしていない
やる気がある　充実感がある
不安感がない　リラックスしている

今日のよかったこと

今日、心に残った出来事

昨晩の睡眠時間　　睡眠の質

　　時間　　分

0 1 2 3 4 5 6 7 8 9 10 11 12 1 2 3 4 5 6 7 8 9 10 11 12
午前　　　　　　　　　　　午後

/　（　）

イライラしていない
やる気がある　　充実感がある
不安感がない　　リラックスしている

今日のよかったこと

今日、心に残った出来事

昨晩の睡眠時間　睡眠の質

時間　　分

0　1　2　3　4　5　6　7　8　9　10　11　12　1　2　3　4　5　6　7　8　9　10　11　12
午前　　　　　　　　　　　　　　　午後

／　　（　　）

イライラしていない
やる気がある　充実感がある
不安感がない　リラックスしている

今日のよかったこと

今日、心に残った出来事

昨晩の睡眠時間　　睡眠の質
　　時間　　分
0 1 2 3 4 5 6 7 8 9 10 11 12 1 2 3 4 5 6 7 8 9 10 11 12
午前　　　　　　　　　　　　午後

/　（　）

イライラしていない
やる気がある　　充実感がある
不安感がない　　リラックスしている

今日のよかったこと

今日、心に残った出来事

昨晩の睡眠時間　　睡眠の質

時間　　分

0　1　2　3　4　5　6　7　8　9　10　11　12　1　2　3　4　5　6　7　8　9　10　11　12
午前　　　　　　　　　　　　　　　午後

／　　（　）

イライラしていない
やる気がある　充実感がある
不安感がない　リラックスしている

今日のよかったこと

今日、心に残った出来事

昨晩の睡眠時間　　睡眠の質
　　時間　　分
　　　　　　　0 1 2 3 4 5 6 7 8 9 10 11 12 1 2 3 4 5 6 7 8 9 10 11 12
　　　　　　　午前　　　　　　　　　　　午後

/   (   )

イライラしていない
やる気がある　　充実感がある
不安感がない　　リラックスしている

今日のよかったこと

今日、心に残った出来事

昨晩の睡眠時間　　睡眠の質
時間　　分
0 1 2 3 4 5 6 7 8 9 10 11 12 1 2 3 4 5 6 7 8 9 10 11 12
午前　　　　　　　　　　　午後

/　（　）

イライラしていない
やる気がある　充実感がある
不安感がない　リラックスしている

今日のよかったこと

今日、心に残った出来事

昨晩の睡眠時間　睡眠の質
0 1 2 3 4 5 6 7 8 9 10 11 12 1 2 3 4 5 6 7 8 9 10 11 12
午前　　　　　　　　　　　　　午後

時間　　分

/　　（　　）

イライラしていない
やる気がある　　充実感がある
不安感がない　　リラックスしている

今日のよかったこと

今日、心に残った出来事

昨晩の睡眠時間	睡眠の質
時間　　分	0 1 2 3 4 5 6 7 8 9 10 11 12 1 2 3 4 5 6 7 8 9 10 11 12 午前　　　　　　　　　　　　午後

/ ( )

イライラしていない
やる気がある　充実感がある
不安感がない　リラックスしている

今日のよかったこと

今日、心に残った出来事

昨晩の睡眠時間　睡眠の質
時間　分
0 1 2 3 4 5 6 7 8 9 10 11 12 1 2 3 4 5 6 7 8 9 10 11 12
午前　　　　　　　　　　　午後

/   （　）

イライラしていない
やる気がある
充実感がある
不安感がない
リラックスしている

今日のよかったこと

今日、心に残った出来事

昨晩の睡眠時間　　睡眠の質

　　時間　　分

0 1 2 3 4 5 6 7 8 9 10 11 12 1 2 3 4 5 6 7 8 9 10 11 12
午前　　　　　　　　　　　　　午後

/   ( )

やる気がある　イライラしていない　充実感がある
不安感がない　リラックスしている

今日のよかったこと

今日、心に残った出来事

昨晩の睡眠時間　睡眠の質
時間　分
0 1 2 3 4 5 6 7 8 9 10 11 12 1 2 3 4 5 6 7 8 9 10 11 12
午前　　　　　　　　　　午後

／　　（　）

イライラしていない
やる気がある　　充実感がある
不安感がない　　リラックスしている

今日のよかったこと

今日、心に残った出来事

昨晩の睡眠時間　　睡眠の質

時間　　分

0 1 2 3 4 5 6 7 8 9 10 11 12 1 2 3 4 5 6 7 8 9 10 11 12
午前　　　　　　　　　　　　　午後

/　　　（　　）

イライラしていない
やる気がある　　充実感がある
不安感がない　　リラックスしている

今日のよかったこと

今日、心に残った出来事

昨晩の睡眠時間　睡眠の質
　　時間　　分
0 1 2 3 4 5 6 7 8 9 10 11 12 1 2 3 4 5 6 7 8 9 10 11 12
午前　　　　　　　　　　　　午後

/　（　）

イライラしていない
やる気がある　　充実感がある
不安感がない　リラックスしている

今日のよかったこと

今日、心に残った出来事

昨晩の睡眠時間　　睡眠の質

　　時間　　分

0 1 2 3 4 5 6 7 8 9 10 11 12 1 2 3 4 5 6 7 8 9 10 11 12
午前　　　　　　　　　　　　午後

／　（　）

イライラしていない
やる気がある　充実感がある
不安感がない　リラックスしている

今日のよかったこと

今日、心に残った出来事

昨晩の睡眠時間　睡眠の質
0　1　2　3　4　5　6　7　8　9　10　11　12　1　2　3　4　5　6　7　8　9　10　11　12
　　時間　　分
午前　　　　　　　　　　　　　午後

/　　/　（　）

|イライラしていない|
|やる気がある　充実感がある|
|不安感がない　リラックスしている|

今日のよかったこと

今日、心に残った出来事

昨晩の睡眠時間　　睡眠の質

　時間　　分

0　1　2　3　4　5　6　7　8　9　10　11　12　1　2　3　4　5　6　7　8　9　10　11　12
午前　　　　　　　　　　　　　午後

/ （　）

イライラしていない
やる気がある　充実感がある
不安感がない　リラックスしている

今日のよかったこと

今日、心に残った出来事

昨晩の睡眠時間　　睡眠の質
　　時間　　分
0 1 2 3 4 5 6 7 8 9 10 11 12 1 2 3 4 5 6 7 8 9 10 11 12
午前　　　　　　　　　　　　午後

/　（　）

イライラしていない
やる気がある　充実感がある
不安感がない　リラックスしている

今日のよかったこと

今日、心に残った出来事

昨晩の睡眠時間　睡眠の質

時間　分

0 1 2 3 4 5 6 7 8 9 10 11 12 1 2 3 4 5 6 7 8 9 10 11 12
午前　午後

／　（　）

イライラしていない
やる気がある　　充実感がある
不安感がない　　リラックスしている

今日のよかったこと

今日、心に残った出来事

昨晩の睡眠時間　　睡眠の質

| 時間 | 分 |

0 1 2 3 4 5 6 7 8 9 10 11 12 1 2 3 4 5 6 7 8 9 10 11 12
午前　　　　　　　　　　　　午後

/   (　)

イライラしていない
やる気がある　　　充実感がある
不安感がない　リラックスしている

今日のよかったこと

今日、心に残った出来事

昨晩の睡眠時間　　睡眠の質
　時間　　分
0 1 2 3 4 5 6 7 8 9 10 11 12 1 2 3 4 5 6 7 8 9 10 11 12
午前　　　　　　　　　　　午後

/   (   )

イライラしていない
やる気がある　　充実感がある
不安感がない　リラックスしている

今日のよかったこと

今日、心に残った出来事

昨晩の睡眠時間　　睡眠の質
時間　分

0 1 2 3 4 5 6 7 8 9 10 11 12 1 2 3 4 5 6 7 8 9 10 11 12
午前　　　　　　　　　　午後

/   ( )

イライラしていない
やる気がある
充実感がある
不安感がない
リラックスしている

今日のよかったこと

今日、心に残った出来事

昨晩の睡眠時間　　睡眠の質

時間　　分

0 1 2 3 4 5 6 7 8 9 10 11 12 1 2 3 4 5 6 7 8 9 10 11 12
午前　　　　　　　　　　　　　　午後

/   (　)

イライラしていない
やる気がある　　充実感がある
不安感がない　リラックスしている

今日のよかったこと

今日、心に残った出来事

昨晩の睡眠時間　　睡眠の質

時間　　分

0 1 2 3 4 5 6 7 8 9 10 11 12 1 2 3 4 5 6 7 8 9 10 11 12
午前　　　　　　　　　　　　　　午後

/ (   )

イライラしていない
やる気がある　　充実感がある
不安感がない　　リラックスしている

今日のよかったこと

今日、心に残った出来事

昨晩の睡眠時間　　睡眠の質

時間　　分

0 1 2 3 4 5 6 7 8 9 10 11 12 1 2 3 4 5 6 7 8 9 10 11 12
午前　　　　　　　　　　　午後

/   ( )

イライラしていない
やる気がある　　充実感がある
不安感がない　　リラックスしている

今日のよかったこと

今日、心に残った出来事

昨晩の睡眠時間　　睡眠の質

時間　　分

0 1 2 3 4 5 6 7 8 9 10 11 12 1 2 3 4 5 6 7 8 9 10 11 12
午前　　　　　　　　　　　　午後

/　　（　）

イライラしていない
やる気がある　充実感がある
不安感がない　リラックスしている

今日のよかったこと

今日、心に残った出来事

昨晩の睡眠時間　睡眠の質
0 1 2 3 4 5 6 7 8 9 10 11 12 1 2 3 4 5 6 7 8 9 10 11 12
時間　分
午前　　　　　　　　　　午後

/　（　）

- イライラしていない
- 充実感がある
- リラックスしている
- 不安感がない
- やる気がある

今日のよかったこと

今日、心に残った出来事

昨晩の睡眠時間　　睡眠の質

時間　　分

0 1 2 3 4 5 6 7 8 9 10 11 12 1 2 3 4 5 6 7 8 9 10 11 12
午前　　　　　　　　　　　　　午後

/　（　）

イライラしていない
やる気がある　充実感がある
不安感がない　リラックスしている

今日のよかったこと

今日、心に残った出来事

昨晩の睡眠時間　　睡眠の質
時間　分

0 1 2 3 4 5 6 7 8 9 10 11 12 1 2 3 4 5 6 7 8 9 10 11 12
午前　　　　　　　　　　　　午後

/　　（　）

イライラしていない
やる気がある　充実感がある
不安感がない　リラックスしている

今日のよかったこと

今日、心に残った出来事

昨晩の睡眠時間　　睡眠の質
時間　　分

0 1 2 3 4 5 6 7 8 9 10 11 12 1 2 3 4 5 6 7 8 9 10 11 12
午前　　　　　　　　　　　　午後

/ (　)

イライラしていない
やる気がある　充実感がある
不安感がない　リラックスしている

今日のよかったこと

今日、心に残った出来事

昨晩の睡眠時間　睡眠の質
時間　分

0 1 2 3 4 5 6 7 8 9 10 11 12 1 2 3 4 5 6 7 8 9 10 11 12
午前　　　　　　　　　　　　午後

/　（　）

イライラしていない
やる気がある　充実感がある
不安感がない　リラックスしている

今日のよかったこと

今日、心に残った出来事

昨晩の睡眠時間　睡眠の質
時間　分
0 1 2 3 4 5 6 7 8 9 10 11 12 1 2 3 4 5 6 7 8 9 10 11 12
午前　　　　　　　　　　　　　午後

/　（　）

イライラしていない
やる気がある　　充実感がある
不安感がない　　リラックスしている

今日のよかったこと

今日、心に残った出来事

昨晩の睡眠時間	睡眠の質
時間　分	0 1 2 3 4 5 6 7 8 9 10 11 12 1 2 3 4 5 6 7 8 9 10 11 12 午前　　　　　　　　　　　　午後

/　（　）

イライラしていない
やる気がある　　充実感がある
不安感がない　リラックスしている

今日のよかったこと

今日、心に残った出来事

昨晩の睡眠時間　睡眠の質
時間　分
0 1 2 3 4 5 6 7 8 9 10 11 12 1 2 3 4 5 6 7 8 9 10 11 12
午前　　　　　　　　　　　　　午後

/　（　）

イライラしていない
やる気がある　充実感がある
不安感がない　リラックスしている

今日のよかったこと

今日、心に残った出来事

昨晩の睡眠時間　　睡眠の質
　時間　分
0 1 2 3 4 5 6 7 8 9 10 11 12 1 2 3 4 5 6 7 8 9 10 11 12
午前　　　　　　　　　　　午後

/   (   )

イライラしていない
やる気がある　充実感がある
不安感がない　リラックスしている

今日のよかったこと

今日、心に残った出来事

昨晩の睡眠時間　睡眠の質

時間　分

0 1 2 3 4 5 6 7 8 9 10 11 12 1 2 3 4 5 6 7 8 9 10 11 12
午前　　　　　　　　　　　　　　午後

/　（　）

イライラしていない
やる気がある　　充実感がある
不安感がない　リラックスしている

今日のよかったこと

今日、心に残った出来事

昨晩の睡眠時間　　睡眠の質
　　　時間　　分
0 1 2 3 4 5 6 7 8 9 10 11 12 1 2 3 4 5 6 7 8 9 10 11 12
午前　　　　　　　　　　　午後

/   ( )

イライラしていない
やる気がある　　充実感がある
不安感がない　　リラックスしている

今日のよかったこと

今日、心に残った出来事

昨晩の睡眠時間　　睡眠の質

時間　　分

0 1 2 3 4 5 6 7 8 9 10 11 12 1 2 3 4 5 6 7 8 9 10 11 12
午前　　　　　　　　　　　午後

/   ( )

イライラしていない
やる気がある 充実感がある
不安感がない リラックスしている

今日のよかったこと

今日、心に残った出来事

昨晩の睡眠時間   睡眠の質
                 0 1 2 3 4 5 6 7 8 9 10 11 12 1 2 3 4 5 6 7 8 9 10 11 12
   時間   分
                 午前   午後

/   (   )

イライラしていない
やる気がある　充実感がある
不安感がない　リラックスしている

今日のよかったこと

今日、心に残った出来事

昨晩の睡眠時間　　睡眠の質
　　時間　　分
0 1 2 3 4 5 6 7 8 9 10 11 12 1 2 3 4 5 6 7 8 9 10 11 12
午前　　　　　　　　　　午後

/　（　）

イライラしていない
やる気がある　充実感がある
不安感がない　リラックスしている

今日のよかったこと

今日、心に残った出来事

昨晩の睡眠時間　睡眠の質

時間　分

0　1　2　3　4　5　6　7　8　9　10　11　12　1　2　3　4　5　6　7　8　9　10　11　12
午前　　　　　　　　　　　　　午後

/　（　）

イライラしていない
やる気がある　充実感がある
不安感がない　リラックスしている

今日のよかったこと

今日、心に残った出来事

昨晩の睡眠時間　睡眠の質
0 1 2 3 4 5 6 7 8 9 10 11 12 1 2 3 4 5 6 7 8 9 10 11 12
午前　午後

時間　分

/   (　)

イライラしていない
やる気がある　充実感がある
不安感がない　リラックスしている

今日のよかったこと

今日、心に残った出来事

昨晩の睡眠時間　睡眠の質

時間　分

0　1　2　3　4　5　6　7　8　9　10　11　12　1　2　3　4　5　6　7　8　9　10　11　12
午前　　　　　　　　　　　　　午後

/　（　）

イライラしていない
やる気がある　充実感がある
不安感がない　リラックスしている

今日のよかったこと

今日、心に残った出来事

昨晩の睡眠時間　睡眠の質

0 1 2 3 4 5 6 7 8 9 10 11 12 1 2 3 4 5 6 7 8 9 10 11 12
午前　　　　　　　　　　　　　　　午後

時間　分

／　　（　）

イライラしていない
やる気がある　充実感がある
不安感がない　リラックスしている

今日のよかったこと

今日、心に残った出来事

昨晩の睡眠時間　　時間　　分

睡眠の質
0 1 2 3 4 5 6 7 8 9 10 11 12 1 2 3 4 5 6 7 8 9 10 11 12
午前　　　　　　　　　　　　午後

/   (   )

イライラしていない
やる気がある　　充実感がある
不安感がない　リラックスしている

今日のよかったこと

今日、心に残った出来事

昨晩の睡眠時間　　睡眠の質

　時間　　分

0 1 2 3 4 5 6 7 8 9 10 11 12 1 2 3 4 5 6 7 8 9 10 11 12
午前　　　　　　　　　　　午後

/   (　　)

イライラしていない
やる気がある　充実感がある
不安感がない　リラックスしている

今日のよかったこと

今日、心に残った出来事

昨晩の睡眠時間　睡眠の質
時間　分
0 1 2 3 4 5 6 7 8 9 10 11 12 1 2 3 4 5 6 7 8 9 10 11 12
午前　午後

/   (　)

イライラしていない
やる気がある　　充実感がある
不安感がない　リラックスしている

今日のよかったこと

今日、心に残った出来事

昨晩の睡眠時間　睡眠の質

時間　分

0 1 2 3 4 5 6 7 8 9 10 11 12 1 2 3 4 5 6 7 8 9 10 11 12
午前　　　　　　　　　　　　　　午後

/　（　）

イライラしていない
やる気がある　充実感がある
不安感がない　リラックスしている

今日のよかったこと

今日、心に残った出来事

昨晩の睡眠時間　睡眠の質
時間　　分

0	1	2	3	4	5	6	7	8	9	10	11	12	1	2	3	4	5	6	7	8	9	10	11	12

午前　　　　　　　　　　　　　　午後

/ (   )

イライラしていない
やる気がある　充実感がある
不安感がない　リラックスしている

今日のよかったこと

今日、心に残った出来事

昨晩の睡眠時間　　睡眠の質
　　時間　　分
0 1 2 3 4 5 6 7 8 9 10 11 12　1 2 3 4 5 6 7 8 9 10 11 12
午前　　　　　　　　　　　午後

/　（　）

イライラしていない
やる気がある　充実感がある
不安感がない　リラックスしている

今日のよかったこと

今日、心に残った出来事

昨晩の睡眠時間　睡眠の質
0 1 2 3 4 5 6 7 8 9 10 11 12 1 2 3 4 5 6 7 8 9 10 11 12
時間　分
午前　午後

安眠日記
振り返りのページ

１カ月に一度くらいの間隔で
その月の「睡眠の質」を振り返ってみましょう

記入のしかたは、15ページに掲載しています。

/   (   ) ～ /   (   )

腹が立ったこと、イライラしたこと

悲しかったこと

不安に感じたこと

後悔したこと

よかったこと、感謝したこと、新しく始めたこと

....

....

....

....

....

....

....

....

....

よりよい眠りのために、なにか行いましたか？

....

....

睡眠の質は？　　　　　　　　　　　　　その原因は？

☐よく眠れたほうだ
☐まあまあ眠れた
☐あまりよく眠れなかった
☐眠れなくて日常生活に支障があった

平均睡眠時間

| 時間　　　分 | くらい |

／　（　）　〜　／　（　）

腹が立ったこと、イライラしたこと

悲しかったこと

不安に感じたこと

後悔したこと

よかったこと、感謝したこと、新しく始めたこと

よりよい眠りのために、なにか行いましたか？

睡眠の質は？
- □ よく眠れたほうだ
- □ まあまあ眠れた
- □ あまりよく眠れなかった
- □ 眠れなくて日常生活に支障があった

平均睡眠時間

　　　時間　　　分　くらい

その原因は？

腹が立ったこと、イライラしたこと

悲しかったこと

不安に感じたこと

後悔したこと

よかったこと、感謝したこと、新しく始めたこと

よりよい眠りのために、なにか行いましたか？

睡眠の質は？
☐ よく眠れたほうだ
☐ まあまあ眠れた
☐ あまりよく眠れなかった
☐ 眠れなくて日常生活に支障があった

平均睡眠時間

　　　時間　　　分　くらい

その原因は？

／　（　）　〜　／　（　）

腹が立ったこと、イライラしたこと

悲しかったこと

不安に感じたこと

後悔したこと

よかったこと、感謝したこと、新しく始めたこと

よりよい眠りのために、なにか行いましたか？

睡眠の質は？
☐ よく眠れたほうだ
☐ まあまあ眠れた
☐ あまりよく眠れなかった
☐ 眠れなくて日常生活に支障があった

平均睡眠時間

　　時間　　　分　くらい

その原因は？

腹が立ったこと、イライラしたこと

悲しかったこと

不安に感じたこと

後悔したこと

よかったこと、感謝したこと、新しく始めたこと

よりよい眠りのために、なにか行いましたか?

睡眠の質は?
- □ よく眠れたほうだ
- □ まあまあ眠れた
- □ あまりよく眠れなかった
- □ 眠れなくて日常生活に支障があった

平均睡眠時間

　　　　時間　　　　分　くらい

その原因は?

/ ( ) ～ / ( )

腹が立ったこと、イライラしたこと

悲しかったこと

不安に感じたこと

後悔したこと

よかったこと、感謝したこと、新しく始めたこと

よりよい眠りのために、なにか行いましたか?

睡眠の質は?
- □ よく眠れたほうだ
- □ まあまあ眠れた
- □ あまりよく眠れなかった
- □ 眠れなくて日常生活に支障があった

平均睡眠時間

　　　時間　　　分　くらい

その原因は?

／　（　）　〜　／　（　）

腹が立ったこと、イライラしたこと

悲しかったこと

不安に感じたこと

後悔したこと

よかったこと、感謝したこと、新しく始めたこと

よりよい眠りのために、なにか行いましたか？

睡眠の質は？
☐ よく眠れたほうだ
☐ まあまあ眠れた
☐ あまりよく眠れなかった
☐ 眠れなくて日常生活に支障があった

平均睡眠時間

　　　時間　　　分　くらい

その原因は？

腹が立ったこと、イライラしたこと

悲しかったこと

不安に感じたこと

後悔したこと

よかったこと、感謝したこと、新しく始めたこと

......

よりよい眠りのために、なにか行いましたか？

......

睡眠の質は？
- □ よく眠れたほうだ
- □ まあまあ眠れた
- □ あまりよく眠れなかった
- □ 眠れなくて日常生活に支障があった

その原因は？

......

平均睡眠時間

　　時間　　　分　くらい

／（　）～／（　）

腹が立ったこと、イライラしたこと

悲しかったこと

不安に感じたこと

後悔したこと

よかったこと、感謝したこと、新しく始めたこと

よりよい眠りのために、なにか行いましたか？

睡眠の質は？
☐ よく眠れたほうだ
☐ まあまあ眠れた
☐ あまりよく眠れなかった
☐ 眠れなくて日常生活に支障があった

平均睡眠時間

　　時間　　　分　くらい

その原因は？

腹が立ったこと、イライラしたこと

悲しかったこと

不安に感じたこと

後悔したこと

よかったこと、感謝したこと、新しく始めたこと

よりよい眠りのために、なにか行いましたか？

睡眠の質は？
- ☐ よく眠れたほうだ
- ☐ まあまあ眠れた
- ☐ あまりよく眠れなかった
- ☐ 眠れなくて日常生活に支障があった

平均睡眠時間

　　　時間　　　分 くらい

その原因は？

腹が立ったこと、イライラしたこと

悲しかったこと

不安に感じたこと

後悔したこと

よかったこと、感謝したこと、新しく始めたこと

よりよい眠りのために、なにか行いましたか？

睡眠の質は？
☐ よく眠れたほうだ
☐ まあまあ眠れた
☐ あまりよく眠れなかった
☐ 眠れなくて日常生活に支障があった

平均睡眠時間

　　　時間　　　分 くらい

その原因は？

腹が立ったこと、イライラしたこと

悲しかったこと

不安に感じたこと

後悔したこと

よかったこと、感謝したこと、新しく始めたこと

よりよい眠りのために、なにか行いましたか？

睡眠の質は？
□ よく眠れたほうだ
□ まあまあ眠れた
□ あまりよく眠れなかった
□ 眠れなくて日常生活に支障があった

平均睡眠時間

　　　時間　　　分　くらい

その原因は？

筆記表現法 安眠日記

発行日　2018年11月20日　第1刷

監修	内村直尚
Book Designer	石間　淳
Publication	株式会社ディスカヴァー・トゥエンティワン
	〒102-0093　東京都千代田区平河町2-16-1 平河町森タワー11F
	TEL 03-3237-8321（代表）
	FAX 03-3237-8323
	http://www.d21.co.jp
Publisher	干場弓子
Editor	林秀樹
Marketing Group Staff	飯田智樹　安永智洋
Digital Group Staff	西川なつか　倉田華
Proofreader & DTP	株式会社T&K
Printing	日経印刷株式会社

定価はカバーに表示してあります。本書の無断転載・複写は、著作権法上での例外を除き禁じられています。インターネット、モバイル等の電子メディアにおける無断転載ならびに第三者によるスキャンやデジタル化もこれに準じます。
乱丁・落丁本はお取り替えいたしますので、小社「不良品交換係」まで着払いにてお送りください。
本書へのご意見ご感想は下記からご送信いただけます。
http://www.d21.co.jp/contact/personal

ISBN978-4-7993-2392-2
Ⓒ Discover21,inc., 2018, Printed in Japan.